历史的丰碑丛书

文学艺术家卷

天才的电影喜剧大师卓别林

赫 历 编著

吉林人民出版社

图书在版编目(CIP)数据

天才的电影喜剧大师——卓别林 / 赫历编著 . -- 长春 : 吉林人民出版社，2011.4（2025.4 重印）
（历史的丰碑丛书）
ISBN 978-7-206-07625-1

Ⅰ.①天… Ⅱ.①赫… Ⅲ.①卓别林，C.（1889～1977）—生平事迹—青年读物②卓别林，C.（1889～1977）—生平事迹—少年读物 Ⅳ.① K835.615.78-49

中国版本图书馆 CIP 数据核字 (2011) 第 037523 号

天才的电影喜剧大师　卓别林
TIANCAI DE DIANYING XIJU DASHI　ZHUOBIELIN

编　著:赫　历
责任编辑:赵梁爽　　　　　封面设计:孙浩瀚
制　作:吉林人民出版社图文设计印务中心
吉林人民出版社出版 发行(长春市人民大街7548号　邮政编码:130022)
印　刷:北京一鑫印务有限责任公司
开　本:787mm×1092mm　　1/16
印　张:8　　　　字　数:72千字
标准书号:ISBN 978-7-206-07625-1
版　次:2011年4月第1版　　印　次:2025年4月第3次印刷
定　价:35.00元

如发现印装质量问题,影响阅读,请与出版社联系调换。

编者的话

"欲知大道，必先为史"。

回溯人类的足迹，人们首先看到的总是那些在其各自背景和时点上标志着社会高度和进步里程的伟大人物。他们是历史的丰碑，是后世之鉴。

黑格尔说："无疑，一个时代的杰出个人是特性，一般说来，就反映了这个时代的总的精神。"普希金说："跟随伟大人物的思想是一门引人入胜的科学。"

以史为鉴，面向未来。作为21世纪的继往开来者，我们觉得，在知史基础上具有宽广的知识结构、开阔的胸襟和敏锐的洞察力应是首要的素质要求，而在历史的大背景中追寻丰碑人物的思想、风范和足迹，应是知史的捷径。

考虑到现代人时间的宝贵，我们期盼以尽量精短的篇幅容纳尽量丰富的信息，展现尽量宏大的历史画卷和历史规律。为此，我们编撰了这套丛书。

编撰丛书的过程，也是纵览历代风云、伴随伟人心路、吸收历史营养的过程。沉心于书页，我们随处感受着各历史时期伟大人物所体现的推动历史进步的人类征服力量。我们随着伟人命运及事业的坎坷与辉煌而悲喜，为他们思想的深邃精湛、行为的大气脱俗而会意感慨、拍案叫绝。

然而，在思想开始远游和精神获得享受的同时，我们也随之感受到历史脚步的沉重和历史过程的曲折。社会每前进一步都是艰难的，都伴随着巨大的痛苦和付出。历史的伟大在于它最终走向进步，最终在血污中诞生了鲜活的"婴孩"。

历史有继承性和局限性，不能凭空创造。伟人也有血肉，他们的思想、行为因此注定了同样具有历史的局限性和阶级的、时代的烙印；他们的功业建立于千千万万广大人民群众伟大创造的基础上。历史是人民群众创造的，伟大的人物们是历史和时代造就的。同时，我们也无法否定此间他们个人的努力。这也正是我们编撰这套丛书的目的。

我们期盼着这套丛书得到社会的认同，对读者，特别是青少年读者之历史感、成就感和使命感的培养有所裨益。史海浩瀚，群星璀璨。我们以对广大青少年读者负责的精神，精心遴选，以助力青少年成长进步，集结出版了《历史的丰碑》系列丛书，敬请读者批评、指正。

历史的丰碑丛书

编 委 会

查尔斯·卓别林自从1913年步入影坛，便以一身紧绷绷的小上衣、鼓囊囊的大裤子、一顶圆顶小礼帽、一双大鞋子、一撮仁丹胡、一根手杖的小人物形象，风靡全世界。这位艺术大师大名蜚声影坛，历久不衰。

他以喜与悲的独特构思，塑造了一个个栩栩如生的人物形象，给观众留下了极其深刻的印象。

卓别林每到一处，都会受到众人的热烈欢迎，甚至超过总统所受欢迎程度的十倍、百倍。

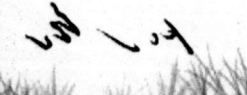

目　录

五 龄童一鸣惊人

　　炼狱，既能烤焦一只小鸡，也能飞出一只火凤凰。

——作者题记

　　1889 年 4 月 16 日之暮，伦敦沃尔沃斯区东街，一位美丽的女人生下了一个活泼可爱的小男孩，这个小男孩就是查尔斯·卓别林。

　　卓别林的母亲是一位才华横溢的喜剧演员。她长得娇小玲珑，面容白皙，有一双水汪汪的青紫色大眼睛，棕色的长发一直垂到腰际，显得娇艳可爱。

→卓别林的母亲汉娜·希尔，艺名莉丽·哈维

　　她 16 岁那年，便开始饰演主角，并越来越红。后来，她与卓别林的父亲同台演出爱尔兰戏剧《沙默斯·奥布莱恩》，随之便双双坠入爱河。然而此时此刻，一

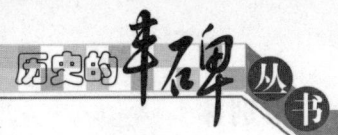

位中年爵爷作为
"第三者"插足在
二人之间。她18
岁那年，与爵爷一
起，远离伦敦去了
非洲。不久，她的
第一个儿子雪尼降
生到人世。

← 在伦敦肯宁顿路小学读书时的卓别林（7岁半）

然而她与中年
爵爷的婚姻并不惬
意，很快结束并重
返伦敦。她与卓别林的父亲重叙旧情而结婚。3年之
后，查尔斯·卓别林出生了。

小卓别林出生仅仅一年，他的父亲便与母亲分手，
与露易丝小姐结了婚。

当时，因为小卓别林的母亲是一位红角，每周可
以挣25英镑，生活倒也很富裕，所以她不曾要卓别林
父亲掏赡养费。母亲十分爱自己的儿子。可以说，后
来卓别林之所以成名，是得力于他的第一个老师——
母亲。

母亲不仅十分热爱戏剧，而且极有天赋。还在小
卓别林咿呀学语的时候，母亲就给他讲生动有趣的故

事，表演自己的角色，从而给卓别林留下了深刻的印象。久而久之，潜移默化中，他也深深地喜欢上了演戏行当。所以一有机会，他就央求母亲表演一番。

每当这时候，母亲就从箱子里翻出绣金戏装，穿上法官长袍，戴上一头假发，开始展示优美的舞姿、悦耳的歌声：

我是一位女法官，
也是一位好法官。
认真地审理，
公平地断案。
我要让律师明白，
女孩也有不少能耐！
……

她认真投入地表演，一时竟忘掉了刚才自己手中的缝纫活儿。歌舞给小卓别林带来了无限欢乐。

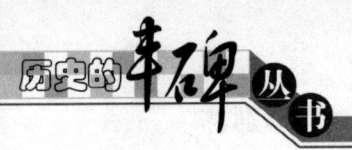
"不行了，好儿子，妈妈得给你缝衣服了！"

"不、不、不！我不要你缝衣服！我要你演《神奇的十字架》……"

因为母亲经常带他到剧院去看排戏，所以他熟悉母亲演的每一出戏，并且十分爱看。

母亲被他纠缠得没法，只好表演，而且同时需演好几个角色，如饰演梅茜亚如何在眼中射出大义凛然的光芒，毅然决然赴兽场让狮子大张嘴去吃自己；她还模仿足登5英寸高跟鞋的名演员威尔逊·巴雷特扮演的祭司长的南腔北调……真是惟妙惟肖、栩栩如生。

小卓别林为自己母亲的卓绝表演天才折服了。以后，他也不断模仿母亲饰演的角色，有时把母亲都逗得开怀大笑，指着他的头说："孩子，'青出于蓝而胜于蓝'，看来你将来会比妈妈强许多，也许会成为举世瞩目的红星……"

←卓别林戏剧照

显然，她是有预见力的。后来，小卓别林偶然登台

→卓别林明信片

演出，使她更坚信儿子会出类拔萃。

她本是一位很有才华的演员，但命运之神偏偏作弄她，使她的艺术生命中道夭折。

她的嗓子出了毛病，喉咙经常发炎，特别是患感冒或有急火的时候，喉炎犯得更厉害。这对于她的舞台生活极为不利，但为了谋生，也是不舍酷爱的行当，她须继续演出。

有一次，正演出时，她的喉炎突然发作，歌唱时嗓子突然变得沙哑起来，由嘹亮悦耳一下子变成了轻声絮语；观众起先还以为这是她的艺术处理，听着听着，越听越觉得不对味儿，就不耐烦起来，一时间哄堂大笑，跺脚、吹口哨起哄。

母亲满脸通红，竭力镇定，可越着急越糟糕，一

时竟发不出声音！倒彩越喝越大。母亲不得不噙泪退到幕后。

当时，小卓别林正在台后观看。他替母亲难过，来到母亲的身边，安慰她说："妈妈，这没什么，观众还是爱你的，请别介意……"

母亲什么也没有说，抚着他的头，滑下两行泪水，滴在他的脸颊上……

这时，舞台监督过来，怒气冲冲地说："演砸了！怎么办？怎么办？救场如救火，谁来救场啊！天哪！上帝呀！救救我吧！"

"先生，对不起，我不是有意的……"

"谁管你有意没意！这场面怎么收拾？"

　　小卓别林替妈妈说话道："先生，先让别的角色演一下吧，过一会儿，我妈妈的嗓子就会好的，请相信我，先生……"

　　舞台监督凝视着他那富有幽默感的一双大眼睛，突然萌生了让他救场的念头——因为他曾见到过这孩子的表演。

　　"卓别林，你听我说：你到台上去演！"

　　"我演？演什么呢？先生？"

　　"随便演什么都行，快跟我来！"

　　他牵着小卓别林的手从侧幕来到舞台中央。

　　"各位女士，各位先生：首先我要为刚才的事表示歉意……现在由这位女演员的儿子卓别林接着演出，

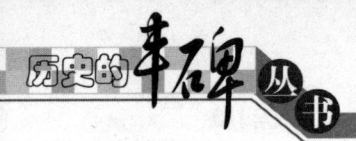

请诸位捧场！"舞台监督说完，松开小卓别林的手，转身回到后台。

现在，舞台上只剩下卓别林一个人了！当时，他仅仅5岁而已！但他并不怯场。因为他经常随母亲来剧场，曾观看过无数次演出，无数次见过一排排、黑压压的观众。这，他并不陌生。可是，站到舞台中央，面对上千观众表演节目，他还是开天辟地头一回。

此时此刻，他想到的是母亲那无声的泪。他爱自己的母亲，他觉得为母亲分忧是责无旁贷的事情。自己勇敢地面对观众，是会令母亲破涕为笑的事。基于这种思想，他勇往直前，胸有成竹，面对着灿烂夺目的吊灯和一张张朦朦胧胧的人脸，唱起了一首歌《杰克·琼斯》：

> 每当谈起杰克·琼斯，无人不知，无人不
>
> 晓，你不也是见过吗？——他经常在街上来回
>
> 跑……

乐师们听出这是一首家喻户晓的歌曲，就试着合着卓别林的调开始伴奏。

于是，卓别林在优美的乐曲中唱出了十分悦耳动听的童音：

我可无意找杰克的错，

只要啊，只要他还似从前一般好。

可是啊，自从他有了金子，

一下子他就变坏了！

只看他如何对待昔日的哥们儿，

我心里就觉出他真不怎么着。

……

卓别林边唱边舞，还不时地模仿动作，惟妙惟肖，十分可爱，观众禁不住一个劲地拍巴掌，钱币也像雨点般丢到台上来，大声喝彩："好！棒极了！……"

卓别林见观众向台上扔钱，可有点出乎意料，先一愣神，接着不觉一阵高兴，就立即停止歌唱，似乎是自言自语，又似乎是说

→ 卓别林西装侧面半身照

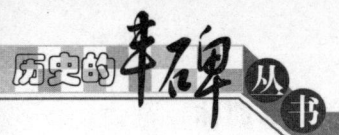

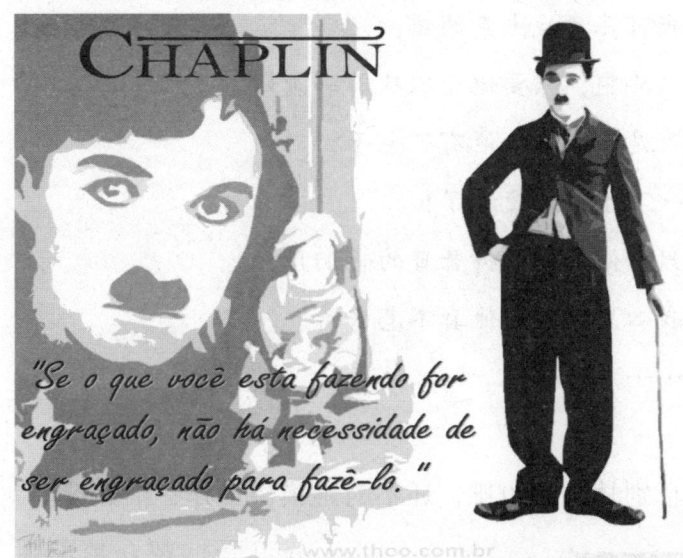

CHAPLIN

"Se o que você esta fazendo for engraçado, não há necessidade de ser engraçado para fazê-lo."

www.thoo.com.br

给观众："对不起，女士们，先生们，钱可是好东西，我可不能让它丢了……"

他猫腰伸出双手从台上捡钱。观众见状，逗得开怀大笑，一边喝彩，一边使劲向台上扔钱。钞票像雪片般落到舞台上面。卓别林则更起劲地赶忙拾钱……

舞台监督见状，就从侧幕走上舞台，托着手帕帮他捡钱，同时还小声嘀咕道："你唱你的，钱由我来捡……"

卓别林以为他是要把钱自己收走，就急了，说："先生，这是观众赏给我的钱，干吗你要收走呢？"边说边伸手夺他的手帕。

舞台监督忍不住笑出声来，说："你放心，我这是替你捡钱……"

观众见小卓别林天真可爱、憨态可掬的情状，就笑得更欢了。

舞台监督捡完钱，托着手帕向后台走去，小卓别林巴巴地跟了上去："我的钱，先生，请还给我……"他一直跟到后台，直到见到舞台监督把那一手帕钱币交到母亲手中，他才放心地转回前台；而观众们则被他逗得前仰后合，大笑不止。

他重新回到台上。观众报以更为热烈的掌声。

卓别林毫不拘束，向观众表示谢意，然后侃侃而谈，像与母亲在家闲聊那样随随便便，意思是说，母亲嗓子出了毛病，刚才没能唱终场，现在由我来给大家重唱那首歌。接着，他就唱起母亲唱的那首爱尔兰歌曲：

↑卓别林亲笔画和签名

莱利，莱利，他那张小白脸真让我着迷，

莱利，莱利，他那张小白脸可真中我的意。

我走遍了山南海北在军队中寻觅，

谁也比不上他那样漂亮而又整齐，

比不上啊，在八十八部队里，

那位可爱的中士莱利。

……

　　他重复地唱着歌中的叠句，既模仿母亲的动作，也模仿母亲那沙哑的嗓音，显得天真而又滑稽。不料并非有心的唱法，居然大受欢迎，人们一边大声喝彩，一边开怀大笑，接着是继续往台上扔钱币。

　　这回，卓别林不去捡钱了，而是使出浑身解数，让观众尽情地乐。不少观众乐痛了肚子，笑出了眼泪……

　　母亲满面春风地从侧幕走上台，牵着卓别林的手向观众鞠躬。观众则报以雷鸣般的掌声……

　　命运之神左右着每一

←20世纪20年代初英国发行了卓别林的明信片

个人。这天，卓别林首次登上舞台，一炮而红；而对于母亲，这却是向舞台告别的日子。

从这日起，母亲的病情愈发重了，嗓子始终不曾复原。一家三口完全依靠母亲演出的收入维持，现在辍演，家境是每况愈下，日子越来越拮据。

为了每日的开销，她不得不经常出入当铺，她身上的金银首饰、衣物等，越来越少了。他们从原来的三间屋搬到了一间屋。

虽然如此穷困，但母亲仍不曾忘却自己为之深深钟情的艺术。她那一大箱子戏装，死活也不肯拿去典当，不时地翻来翻去，有时竟重新穿在身上，在那间阴暗的屋子里对着两个小观众表演。有时就给儿子们

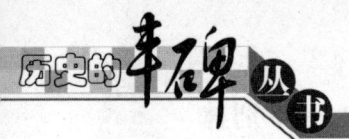

讲一些趣闻。当她叙说法国皇帝拿破仑生平中的故事，就同时扮演拿破仑与内伊元帅两个角色，演得诙谐幽默，妙趣横生，逗得卓别林拍掌大笑。

　　一天晚上，卓别林患了感冒，躺在床上。雪尼到夜校上学去了，家里只剩下母子二人。母亲拿着一部《新约》，一面朗读，一面模拟和解说基督如何怜悯穷人和儿童的故事。她讲到祭司长和法利赛人的仇恨，描绘耶稣被捕的情景，如何受鞭刑，还把一顶荆编的王冠戴在他的头上加以嘲弄："恭喜呀，犹太之王！"她又讲到西门如何帮助耶稣背沉重的十字架；讲到悔罪的强盗同耶稣一同在十字架上受刑时怎样求饶，耶稣告诉他："如今你我已同在乐园中了！"那位忏悔者

←卓别林雕像

从十字架上望着下面的母亲说："妈妈，看看你的儿子吧！"在临刑的痛苦时刻，他呼喊道："神啊，你为什么抛弃了我？"

讲到此处，她说不下去了，泪水从眼角滚出；卓别林也潸然泪下。

她抚着卓别林的头顶说："耶稣和我们大伙儿一个样，是那么富有人情味。人情味是多么值得珍惜呀！"

卓别林扑到母亲的怀里，紧紧地搂着她，激动地说："妈妈！你说的是多么好啊！"

母亲所讲的故事，讲的话语，深深地铭刻在卓别林那幼小的心灵上。后来，卓别林在回首往事时，曾感慨地说："在奥克利街那间阴暗的地下室里，母亲使我看到了这个世界上前所未有的慈祥的光辉，只是在这种光辉的照耀下，文学和戏剧才具有它们最伟大、最富有意义的主题——也就是关于爱情、怜悯与人性的主题。"

奥克利大街的尽头，是一个屠宰场，所以经常有一群羊经过卓别林家门口。这已习以为常，他也毫不在意。可是有一次一只羊跑掉了，它沿着大街拼命地逃命，人们则四处堵截，抓它。有人摔了跟斗，有人被羊顶到墙上。卓别林也跑出来跟着凑热闹，觉得十分好玩有趣，被这场面逗得哈哈大笑，觉得很滑稽。

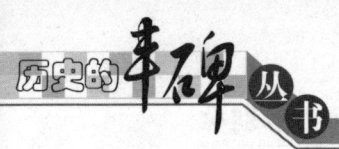

但是，当那头羊终于被捉住，送到屠宰场被宰杀以后，悲剧的现实性一下子钳住了卓别林的心，他捂着脸边哭边喊地跑进家门："好残忍啊！好好的一头羊活活被宰杀了！天哪！……"

这件事深深地留在他的记忆中，他说："我常常想，后来我拍电影往往采用的那悲喜剧的混合体手法，大概就是受到了这件事的启发。"

随着时光的流逝，家中有限的几个钱终于用光了。而母亲为人缝花边的工作也搁浅了，她只好带着两个孩子进了兰贝斯贫民习艺所。这实际是一个收容所。

一到这里，母子3人就被分开了，母亲进了妇女收容部，而雪尼与卓别林则进了儿童收容部。3个人很少能见面。这令卓别林非常愁苦。终于有一天，母亲身穿一身显得滑稽的

在电影《淘金记》中，卓别林扮演流浪汉查理，自己的哥哥雪尼扮演查理的姑妈。

查尔斯·卓别林是"贫儿变王子"的最真实写照，这份成功来自他的努力与才华。

习艺所衣裳到儿童部，来探望卓别林和雪尼兄弟俩。

卓别林惊奇地发现，仅仅一周时间，母亲就苍老、消瘦了许多。但她一看见儿子们，脸上立即焕发出光彩，情不自禁地流下了眼泪，两个儿子也哭了，母子3人哭抱在一起。

后来，她终于平静下来，把兄弟二人的小手放在她的膝盖上，反复地摩挲不已，然后又去抚摸他们的头发、耳朵、脸颊。临分别时，她从围裙里掏出一包椰子糖，分到两个孩子手上。这是她用为人编织花边挣的一点点钱买来的礼物。

没过多久，母子3人出了习艺所。母亲又千方百计找活儿养活兄弟俩。但她挣的钱除了交房租，几乎无法糊口。尽管如此，她为了能使一家团聚，宁可自己不吃饭也这么维持着。自然，两个孩子也多是饥一顿、饱一顿的。

过了些日子，卓别林发现，母亲总是呆呆地伫立窗前，沉默寡言，形容枯槁，神态怔忡，目光散淡。他很害怕见到母亲这副模样，所以他很怕回家。

一天，他勉为其难地往家里走去，窜出一个邻居小朋友，说了一句："噢！卓别林！你妈疯了！"

卓别林吓了一跳，急忙跑上楼梯，只见家里敞着大门，母亲一个人骑在门槛上，喃喃自语："唉！完了！完了！一切都完了！……"

"妈妈！你怎么了？"

"孩子，你是雪尼吗？"

雪尼已出海当水手去了。看来，她连人都认不清了。

她的确是疯了。雪尼出海杳无音信，再加上贫困交加，使她的精神崩溃了。

卓别林翻出了家里仅有的几张钞票，把母亲送进了医院。

福无双至，祸不单行。不久，卓别林那陌生的生父老卓别林先生也因酗酒过度去世了。

卓别林成了无依无靠的孤儿。

←卓别林 幽默画

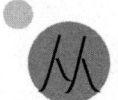舞台踏上人生之路

> 在戏剧小舞台上认认真真演戏，在人生大舞
> 台上堂堂正正做人。
>
> ——作者题记

一个孤苦伶仃、年仅几岁的孩子，既没有钱，又无处安身，怎么过活呢？

为了求得生存，卓别林不得不露宿街头，有时到昔日的亲朋好友家干活，混上一两顿饭。后来，他到一家戏班跳舞，挣几个小钱维持生计。

12岁那一年，卓别林加入了一个小有名气的戏班，还曾扮演过一些重要角色，曾受到老板和同行的赞誉。

卓别林逐渐在演艺界小有名气，许多剧院的老板都知道他的名字。

一天，卓别林收到了剧作家威廉·吉勒特先生经纪人的一封来电，说吉勒特邀请他到伦敦参加演出《福尔摩斯做人难》一剧。

16岁的卓别林高兴得喘不过气来！因为他知道，同吉勒特合作的有不少明星人物，特别是能与那具有倾国倾城美貌的美人明星玛丽·多萝小姐同台演出，既是一件荣耀之事，同时也会提高他本人的知名度。

他怀着激动的心情来到伦敦。当他踏进约克公爵戏院扮戏房时，大名鼎鼎的剧作家、大明星吉勒特正在化装，一见卓别林就客客气气地站起来，热情地同他握手："很高兴同你合作！"

卓别林掩饰不住兴奋的心情，涨红了脸说："我也非常高兴，先生！"

卓别林在剧中扮演比利一角。

第二天早晨，在台上彩排时，卓别林见到了那光彩照人的女明星玛丽·多萝小姐。她身穿一身雪白的夏装，双肩披散着黑瀑般的秀发，一双棕色的眼睛似笑非笑，似乎会说话的模样，两片微微噘起的红唇间，露出两排美玉般的牙齿，甚至她生气时也仍流露出一副媚人的神态。卓别林禁不住被她的美丽惊呆了！"我的天哪，她是多么美呀！"他虽

一直紧紧地睃着她，而她则是一副旁若无人的样子，似乎根本无视他的存在。后来，卓别林在影坛走红，玛丽·多萝与一群明星前来拜访他时，当卓别林说："我们已是老相识。"她竟然愣住了，如堕云里雾中。显然，她当时压根没有把扮演比利的小伙子当回事。

卓别林因参加吉勒特的演出十分激动，就忘了讲报酬的事。一周之后，经纪人将2英镑10先令交到他手中，说："不好意思，仅给你这一点点。你演的实在不赖，以后再加薪吧。"其实，这么大的数目，卓别林还是第一次拿到，自然是喜出望外。

卓别林的演出不仅受到吉勒特的赞赏，还受到新闻界的称赞，他就连续在《福尔摩斯》一剧中担任角色。这出戏，有不少社会名流前来观看，包括希腊国王乔治一世、克里斯琴亲王等显贵。

雪尼航海归来，也参加戏班演出。此时此刻，兄弟二人已有能力养活母亲和一个家了，卓别林和雪尼一同到医院把母亲接到装修一新的家中。

舞台上的成功，使卓别林萌生了大干一场的念头。他决心自编自导自演一出轻喜剧。雪尼支持他的雄心壮志，拿出2英镑作为资助。卓别林从一本美国笑话《麦迪逊汇编》中摘取一些歌曲、故事加以改编，然后搬上舞台。他天真地把希望与理想寄托在这出戏中："如果该剧一炮而红，我就会在伦敦所有大戏院中轮流上演，没准儿不用一年半载，我就会青云直上哩！"

卓别林满怀希望地粉墨登场了。可是，当他刚说了一个小笑话，观众就开始跺脚、扔橘子皮；他伊始为之愕然，接着心里渐感恐怖，后背直出冷汗。他越发慌乱，词越说越快，而丢上台的橘子皮之类的也越来越多……

他垂头丧气地来到扮戏房里，三下五除二地卸了装，逃离剧院，甚至连留在剧院中的一本书也未敢去取。

此次可怕的教训告诉他：不能头脑发热，轻易上台。但他并未因此而气馁。此后他一直试着自编自演

→卓别林与他的两个女儿

的路子。他学了一出短喜剧，名曰《12位正直之人》。可是在彩排中途，一位名演员查科特借故离去，结果使卓别林和其他剧组成员白白忙活许多天。不用说，这出戏未曾面世就胎死腹中了。

　　两次失败并未使卓别林退缩。因为青春是乐观主义中最突出的因素，年轻人会本能地感受到厄运只是暂时的现象；只要努力奋斗，命运就决不会薄待你。

　　一天，杰出的喜剧明星卡诺请卓别林来到他的经理处。

　　"噢，你就是卓别林先生。你看上去比17岁更年轻……"

　　显然，卡诺对卓别林能否饰演年龄比他实际年龄大的角色抱有怀疑。

卓别林立即耸了耸肩膀，毫不在乎地说："年龄不是问题，那只是一个化装问题。关键在于演技。"

"看来，你似乎有把握与哈里·韦尔登合演《足球赛》了？"

卓别林又耸了耸肩，说："先生，不是'似乎'，而是肯定！"

卡诺哈哈大笑，一跃而起，紧紧地握着他的手说："你耸肩的动作已给了我信心，那么，就一言为定了！"

《足球赛》是一出喜剧。初演时，每当韦尔登出场才出现笑声。可以说全剧一切设置，都为大笑星韦尔登出场作铺垫。韦尔登是特邀名角，包银很高：每周34英镑！

然而，自从卓别林登台以后，《足球赛》就完全改变了格局。

音乐起，卓别林胸有成竹地上场。他想出一个奇妙的

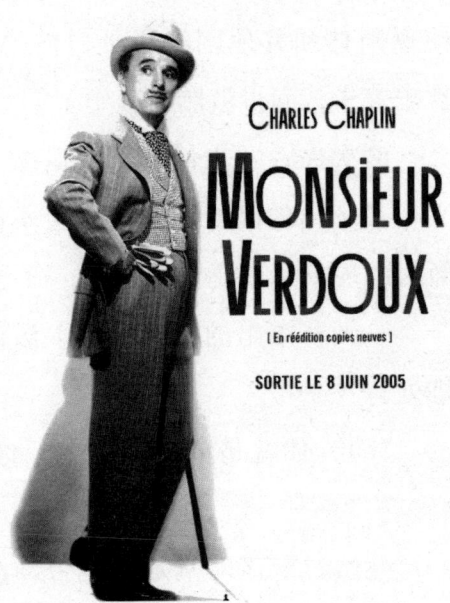

CHARLES CHAPLIN

MONSIEUR VERDOUX

[En réédition copies neuves]

SORTIE LE 8 JUIN 2005

← 《杀人狂时代》海报

主意：背对着观众出场；他绕了半周，才转过身来，而出现在观众面前的是一个长长的红鼻子角色，从而打破了常规。观众首次发出了笑声，也就是说观众已对他有了好感。这进一步给了他信心。于是他继续表演，装模作样地耸了耸肩，然后"叭"地弹了一下手指，走了一个圆场，在一个哑铃上绊了一跤；不经意地将手杖碰在沙袋上，沙袋则反弹在他在红鼻子上，闹了个趔趄；而手杖又从侧面弹回脑袋上。观众忍俊不禁，哄堂大笑。这时候，卓别林更加从容不迫，以无穷无尽的噱头紧紧地吸引观众，而他竟不说一句台词。他大摇大摆地走来走去，满脸是诙谐的表情，此时，外裤自动掉了下来。原来一颗纽扣不见了。他一边拽裤子，一边假装猫腰找纽扣；他假装拾起一个什么东西，又气呼呼地扔掉了，喃喃地自言自语："瞧，这该死的兔子！"观众哈哈大

由卓别林出演的《足球赛》在牛津游艺场上演，那是伦敦的第一流剧院。

笑。

　　这时，轮到韦尔登出场了。也就是说，在他出场之前，观众已经开怀笑了好一阵。

　　卓别林紧张、激动地搂住韦尔登，压低嗓音说："糟糕、糟糕！请快给我一根针！"

　　因为这一切都是卓别林的即兴之作，韦尔登先是一愣，继而也与之即兴配合，又增添了不少噱头，观众乐得更欢了。

　　无论是卓别林的表演，还是韦尔登的表演，都非常成功。

落幕后，许多演员都争着同卓别林握手，表示祝贺。

卓别林为自己的成功而陶醉兴奋不已。当晚，他步行回家，缓缓地走在威斯敏斯特桥上，俯瞰乌黑闪亮的河水滔滔流去。他伫立桥上，快乐得只想哭一场。然后，他走下桥头，在一家咖啡馆喝了一杯茶。

↑1910年时的卓别林

他出了咖啡馆，继续在大街上徜徉，心里又是说又是笑，一时竟毫无睡意。路上每经过一家咖啡馆，他就进去喝一杯咖啡。直到晨曦时分，他才蹒跚地回到家中。

第二天、第三天的演出，《足球赛》场场爆满，从开场到落幕，笑声、掌声不断。演出十分成功。

前两场，卡诺先生因故不在场；第三场，他听到喝彩声此起彼伏，当然极为高兴。卓别林在扮戏房卸装时，卡诺出现在门口，满面春风地对他说："卓别林先生，请明天上午到经理处来一趟。"

次日，卓别林去见卡诺；卡诺同他签订了一年的演出合同，每周酬金为4英镑。这笔酬金是很丰厚的，是令许多演员羡慕的，是可望而不可即的。

《足球赛》在伦敦连续上演了14个星期，场场座无虚席；后来剧团又到各地做巡回演出，一直受到观众的热烈欢迎。

大笑星韦尔登模拟痴傻角色，在英格兰北部很叫座，但到了南方，观众就不怎么买账；而卓别林则不同，无论南方北方，一概受到青睐。所以在巡回演出中，多亏了他才撑住了。

韦尔登被冷落了，他的脾气变得暴躁起来。高尔基曾把妒忌列为人类"第八大疾病"。此后，韦尔登染上了这种疾病，他常拿卓别林出气，在台上本是佯作打在脸上的，而韦尔登则动真格的，

17岁的卓别林（第二排戴礼帽者）在凯西的马戏公司

竟红着眼睛大打出手，几次把卓别林打得鼻口蹿血，疼得他几乎没有精神再去插科打诨。

剧团的人都为卓别林打抱不平。但由于惧怕韦尔登的势力，均敢怒而不敢言。

韦尔登的假戏真做已非一次了。卓别林忍无可忍，他在台下对韦尔登说："先生，你记得台上有一个道具哑铃吧？——你如果再打我，我就把哑铃砸在你的脑袋上；我想，观众是会开心地看到脑浆从那里流出来的！先生，你等着吧！"

韦尔登倒也知难而退，此后再也不敢在台上真打卓别林了。

卓别林在卡诺剧团干了2年，已长成19岁的小伙了。他在剧团成了红角，已稳稳地站住了脚跟，再也不用为衣食发愁了。

虽然如此，他却觉出似乎有什么不满足、不惬意，经常心烦意乱。

正巧，一

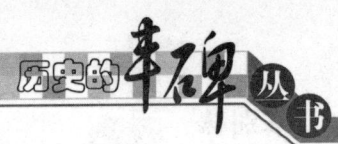

个叫"伯克·库茨美国姑娘"的歌舞团与卡诺剧团同台演出。一位姑娘跳舞时滑了一跤，同团的姑娘们都情不自禁笑了起来；卓别林没有笑，一位棕色大眼睛的姑娘也没有笑。她似乎认为没有理由笑话自己的同伴。她把目光移到卓别林身上，好像在他那里找到了共鸣。卓别林礼貌地向她点头致意，她也报之以妩媚地一笑。

卓别林仔细地端详这位姑娘：她身材窈窕，灵巧得像一只小羚羊，鸭蛋脸白皙细腻，似凝脂一般，一张小嘴微翘，显得很生动。二人目光接触的刹那间，卓别林有一种触电般的感觉。

卸装时，她把一面小镜子交到卓别林的手中："先生，请替我拿一下。"于是，他替她拿着镜子，她则对

着镜子整理一头秀发。于是，一个古老的故事重复开始了。

二人约定星期日下午逛街。

卓别林提前一会儿到达约会地点肯宁顿门，他穿了一身黑色笔挺的西装等在门下。他一直担心她会不会认出自己——因为在剧场里他是穿角色装的。

不一会儿，一位袅袅婷婷的姑娘从一辆车上走下，直奔他而来。此时，她比穿戏装还漂亮。他的心禁不住怦怦直跳，紧张得手脚不知该怎么放，也不知该说什么话好。

姑娘则落落大方地说："瞧，我来了。"

这时，他终于想起一件重要的事，说："我们认识一下吧，我叫查尔斯·卓别林。"

"你叫我海蒂好了。"

两个人沿着风光旖旎的泰晤士河畔走着，轻风把河上清凉而潮湿的气息吹过来，伴随堤岸郁金香的馨香，令人心旷神怡。

卓别林觉得自己爱上了海蒂。一次，他鼓足勇气说："海蒂，你愿意嫁给我吗？"

海蒂揉搓着发梢，半晌说道："我是喜欢你。可是……我才15岁呀。"

"也就是说你仅仅喜欢而已，并不爱我。"他觉得心骤然冷却了，似乎一下子沉到了泰晤士河河底。

海蒂望着亮晶晶的河面，一言不发。

"恕我冒昧。我想，我们还是分道扬镳吧。"他有些悲哀地说，抓起她的手拍了拍，"再见。"

她说："再见，我很抱歉。"

他和海蒂虽然仅仅约会了5次，但这短暂的邂逅奇遇却使二人的友谊持续了很多年。自然，她曾为自己因幼稚而与一位世界级明星失之交臂而追悔莫及。当然，这是后话。

卡诺剧团美国分部经

这是卓别林跟卡诺剧团在美国做巡回演出时，报纸上刊登的他的宣传照片。

理阿尔夫·里夫斯来到了英国，一眼就看中了卓别林，并请他及他的剧团赴美演出，由他主演《银猿》。

这是9月初的日子。一艘客船冒着迷雾浊浪在大海里航行，12天后终于到达了纽约。

剧团在纽约相继上演了《银猿》《溜冰》《邮局》《漂亮窃贼》《议员帕金斯先生》等，观众反应冷落。卓别林感到欣慰的是，他本人在当地新闻媒体的评论中却鹤立鸡群。

在晚上没戏的时候，卓别林就一个人去散步。他沿着百老汇大街踽踽独行。街灯五光十色，汽车川流不息，两侧的摩天大厦高耸入云。那些争奇斗胜的广告，燃起了卓别林激越奋斗的情绪。这就是纽约，这就是那富有挑战意味、冒险情趣的纽约。他在踽踽

1910年，卓别林和比莉·派里夫斯在美国洛杉矶巡演。

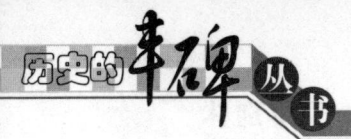

中，发现了美国的意义，不由自言自语地说："这就是我应发展的所在呀！"此时此刻，他突然忆起《剧艺报》剧评家赛姆·西尔弗曼发表的文章中的一句话："卡诺剧团中有一位很幽默的年轻演员卓别林，他总有一天会令美国人倾倒的。"卓别林说："我先令美国人倾倒，然后还要让全世界的人都倾倒！"

剧团本打算演出6周就返回伦敦，可是在五马路剧院演出时，从开场到落幕都赢得了满堂彩，一改受冷落的局面。有几位剧院经纪人看到卡诺剧团演火了，就邀请剧团去美国西部做巡回演出，至西雅图、温哥华、波特兰、温尼伯、旧金山、盐湖城等地，均受到观众的热烈欢迎。

这次美国之行，使卓别林的大名经常出现在新闻媒介上，美国人都知道这位英国青年是不可限量的新星。这是卓别林意想不到的收获，更想不到以此为契机，他开拓了一条崭新的铺满玫瑰花的路，这条路把他送到了象牙之塔。

就在离开美国返回英国之时，他在心里默默地说："再见，美利坚！卓别林早晚还会回到你的怀抱的。"

在银幕上独树一帜

他——一个流浪汉，一个绅士，一个诗人，一个梦想家：永远过浪漫的生活。

——作者题记

卓别林在返回伦敦的途中，想起了亲如手足的雪尼，想起可怜的母亲，想起那套舒适的房间。自从他去美国演出，那套装饰一新、颇具气魄的房间几乎成了他温馨的朝圣之地了。

然而，当卓别林抵达伦敦，雪尼到车站去接他时，却告诉说自己已退掉了那套房间，因为雪尼已经结婚另迁新居了。

昔日的小避风港已不复存在，那个令他为之骄傲的家没有了；如今，卓别林重新成为一个无家可归的人。他只好在布里克斯顿路租了一间房子。他一住进这间房后，心里就忧郁不快，好像伦敦已经不再要他了，对他异乎寻常的冷漠。

到了星期六休息的日子，雪尼和卓别林一起到医院探望母亲。母亲的疯病并没有什么好转。她漠然地望一眼两个儿子，然后就唱赞美诗，接着就是吵闹。卓别林噙着泪，心里很是愁闷。他与雪尼合计，决定把母亲转到一家高级医院，因为兄弟俩手中已经有了钱，完全可以负担起这笔费用了。

卓别林从美国回来后，随卡诺剧团在伦敦各大小剧院连续演出14个星期，虽然大受欢迎，可他重返美国的心情越发激烈了。他感到自己出身低微，总有郁郁不得志之感，如能到文化背景复杂的美国，似乎可以大显身手。

他正在这样想的时候，剧团又接到美国几家剧院经纪人的邀请函，他们又将赴美国做巡回演出。此时，他暗暗打定主意：这次赴美，就留在美国了。

临行前，他与雪尼再次探望母亲。母亲的病情多少有些好转。卓别林放了一点心。

过几天，卓别林随团乘坐"奥林匹克"号赴美国纽约，然后转赴西海岸。

他喜欢美国，特别喜欢纽约，也渴望到西

← 《冷酷的爱情》海报

部去，因为希望会晤那些不久前邂逅的新交。

剧团在许多地方巡回演出 5 个月，然后到费城休假。卓别林非常高兴。他迫切地需要改变一下环境，甚至想忘了自己的故我，重新塑造自己。由于他名望不断提高，薪金也与日俱增，手中已积累了不小的一笔钱。他突然萌生了一个痛痛快快花钱的念头：昔日一向拮据，因而十分节俭；现在手中有了大钱，为什

→ 《流浪汉》剧照

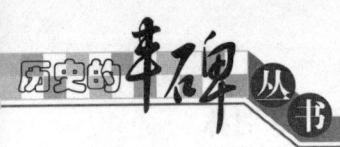

么不去痛痛快快消费一次呢?
他到商场去买了一些昂贵的
高档睡衣、手提箱之类,花
去75美元;营业员见他出手
阔绰,非常客气地说:"先
生,让我给您送回府上好
吗?"这句话,给卓别林留下
了深刻印象:做大款别有一
番优越感的滋味!

　　他到阿斯特旅馆订了一
间十分豪华气派的房间。他
穿着一件下摆裁成圆角的时
髦西装,戴一顶呢礼帽,一手拿手杖,一手提着高级
手提箱。他在服务台登记时,看到在此住宿的人都是
一副趾高气扬、旁若无人的模样,握笔的手未免有些
哆哆嗦嗦。宿费是每日4.5元美金,这在当时是很昂贵
的。他怯生生地问道:"小姐,要不要预付宿费?"回
答很客气:"不必,先生请住下好了。"

　　他走过那豪华富丽、金碧辉煌的大厅,来到自己
的房间,扭动着冷热水龙头,然后换上新浴衣,痛痛
快快地洗了个热水澡,尽情地享受这4.5美元代价的奢
侈,然后倒在透着玫瑰香的床上,只觉着想要哭一场。

几天后，他回到费城剧团驻地，收到一封从纽约发来的电报："请与纽约百老汇大街隆加克大厦24号凯塞尔或鲍曼事务所联系。"

卓别林既不认识凯塞尔，也同什么鲍曼事务所毫无关系，一时猜不出究竟有什么事。他挖空心思，突然想到卓别林家族在美国有一位阔绰的女亲戚，辈分上算是卓别林的伯母。他想入非非，会不会是她老人家给他留了一笔遗产，律师事务所才找他办理继承遗产手续呢？他心情甚是激动，次日便满怀希望乘车去纽约。

然而到了纽约才知道，并不是继承遗产之事，凯塞尔与鲍曼并非什么律师事务所，而是一家电影制片公司！卓别林虽然准备继承遗产的希望破灭了，但却给他带来了人生的转折点，将他引到了辉煌的起跑线上。原来，查尔斯·凯塞尔是美国基斯顿滑稽影片公

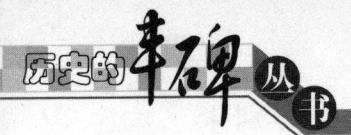

司的股东之一。他说导演麦克·孙纳特曾看见过卓别林演出的戏并且很喜欢，所以邀他来拍电影。

电影是一门全新的艺术。卓别林早就想干这一行，所以一听凯塞尔的计划，当然愿意。

凯塞尔说："卓别林先生，我们签个合同吧，你先为我拍3部电影，周薪150美元。"

这么高的薪水十分诱人，要比在卡诺剧团高出1倍以上。尽管如此，卓别林还是要了个心眼："先生，我的周薪至少应是200美元。"

后来，凯塞尔与孙纳特研究决定与卓别林签订为期一年的合同，头3个月每周150美元，后9个月每周175美元。

于是，卓别林从卡诺剧团辞职，到洛杉矶去拍电影，开始了重新打天下的电影艺术生涯。

　　基斯顿影片公司是在郊外一个旧农场建起来的，从设备到布景都很简陋。

　　导演孙纳特领卓别林去见一位明星演员福特·斯特林先生。原来，这位红角即将脱离基斯顿公司，将去环球影片公司搭班子。卓别林之所以被邀请到此，就是要接替福特。

　　几天来，卓别林就是在摄影棚转来转去，目的在于熟悉电影这门新艺术。这里拍电影并没有剧本，有了总体想法，无论是导演还是演员，全靠现场即兴发挥。卓别林倒很喜欢这种创作格局。但该公司所有影片几乎无一不是为福特表演所专门设置。福特多是扮演一位处境尴尬的荷兰人，在戏中说一些逗笑的台词儿。但一经拍成默片，逗笑的成分几乎都不存在了。

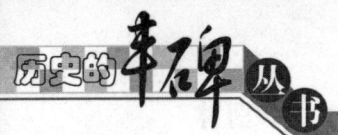
而卓别林则主张靠动作来完成笑片全过程。

没过几天，拍片终于开始了。导演是亨利·莱尔曼。他让卓别林扮演一位新闻记者。莱尔曼颇为自负，总是习惯于让演员一切都听他的。而卓别林呕心沥血、别出心裁地想出不少滑稽情节，可惜在最后剪接时都被莱尔曼给剪掉了！卓别林又气愤、又伤心、又惋惜。

卓别林拍了3天，把那部搞笑短片拍完了。而孙纳特等人也出外景归来了。这一天，3个剧组同时拍片，整个场地都是人。这时孙纳特叼一支雪茄，对卓别林说："这里很需要笑料，你扮一个丑角，尽情发挥吧！"

当时，卓别林正穿一身平时穿的便装站在那里瞧热闹，听了孙纳特的话，在去化妆室的路上就在心里

← 卓别林与爱因斯坦在一起

→ 《城市之光》海报

琢磨自己该扮一个什么角色，着什么装束。这时忽然来了创作灵感："瞧啊，这个家伙个性是多方面的。他是一个流浪汉，一个绅士，一个诗人，一个梦想者；他感到孤独，永远想过浪漫生活，做冒险之事。他指望你会把他当作一个科学家，一个音乐家，一个公爵，一个玩马球者。然而，他只会拾烟头，或者抢夺儿童的糖果。当然，看准机会，他也会给太太小姐屁股上赏一脚，但这只有在非常暴怒时他才会如此。"人物的身份确定了，形象也就出来了：他嘴上贴上一撮小胡子，戴一顶圆顶礼帽，穿一件紧绷绷的小上衣，一条松垮垮的大裤子，一双不合脚的大鞋子，拎一根手杖。他所设计的这一扮相，后来一直沿用下来，在几十部

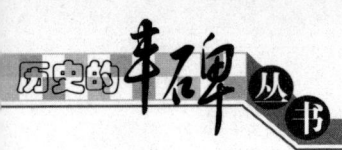

影片中重现。观众正是从这一扮相中认识并认可卓别林的。

当卓别林这副打扮出现在拍摄现场时，孙纳特和在场的人都情不自禁地先笑起来。

卓别林大摇大摆地踱来踱去，一边挥舞着手杖，笑料则如喷泉般涌出来。这个人物立即活灵活现了。孙纳特笑得浑身直打哆嗦，他说："你快上场吧，看能玩出什么花样来。"

此时此刻，卓别林并不知道剧情如何，上场就即兴发挥起来：他走入客厅，佯作不小心绊倒了一位漂亮太太，他转过身，向她抬了抬帽子以示歉意；可他扭过身，又碰倒痰盂，于是又抬了抬帽子，向痰盂致歉。摄影机后面的人，全被逗乐了。

←卓别林与朋友们在一起

→玛琳·黛德丽和查尔斯·卓别林在柏林合影

接着，他继续演下去。笑声则更响了，更多了，以至于其他剧组的成员也闻声跑到这里瞧热闹，加上服装师、道具师、灯光师、置景师，等等，把现场围了个水泄不通。甚至红极一时的笑星台柱子福特，也将头勾过别人的肩头，使劲往里瞧。

这一个镜头拍了75英尺，全是令人捧腹的戏。可是喜剧的一个镜头那时都是在10英尺以内。莱尔曼主张砍，而孙纳特则坚持予以保留。卓别林自己更加坚持："既然喜剧效果强烈，长比短不更佳么！"最后75英尺镜头就全部保留了，这就是《玛蓓尔奇遇记》。

从这一天起，卓别林就下定决心永远保留这个饰演人物的扮相了。他说："我扮演的人物与众不同，是美国人所不熟悉的，甚至连我自己也不熟悉。但是，当我一穿上那一身衣服，就感到实有其人，感觉他是一个活生生的人物。说实在的，他会使我转动许多荒唐古怪的念头，而我在化装成这样一个流浪汉之前，那一切都是我连做梦都不曾想到过的。"

当孙纳特导演的影片《玛蓓尔奇遇记》在闹市公演时，福特一出场，观众因为早已认可了他，就发出阵阵笑声；当看到卓别林在影片中的滑稽表演，先是小声地笑，后来是连续地笑，最后则是哄堂大笑。卓别林别有感触地说："观众心里有一杆公平秤，并不歧视新演员。"

因为当时拍电影并无脚本，导演、演员全凭即兴创作，在一张白纸上泼墨。卓别林在先后拍摄的5部片子中，已认识到导演往往不如他的创作本事。这样，他为了拍出精品，往往与导演合作不来，彼此很不愉快，导演甚至在剪接时动手脚，把卓别林的匠心之作大刀阔斧地横砍一气。为此，他与导演玛蓓尔·瑙尔芒小姐发生了尖锐矛盾。

← 《狗的生涯》剧照

其中一个镜头是，玛蓓尔让卓别林在公路上浇水，使坏蛋的车驶过时滑到沟下去。卓别林则提出自己先站在公路中间，一脚踏住水龙皮带，使水喷不出来，等他俯身向龙头口张望时，那水则直喷脸上。而玛蓓尔坚决不同意这样处理："我是导演，先生，请照我的办吧!"

这位漂亮姑娘如此霸道，是卓别林所始料不及的。他被激怒了："对不起，玛蓓尔小姐，我不相信你有指导我的资格，所以我不能照你说的演。"他说完，就离开公路现场，到人行道上坐下来。他罢演了。

玛蓓尔年轻而漂亮，是影片公司的宠儿。她还是头一次受这个气，未免啜泣。剧组只好返回制片厂。

孙纳特知道了事情原委，怒气冲冲地冲入化妆室，向卓别林大发雷霆："你这是怎么回事?"

卓别林试着解释："我想为影片加笑料，可玛蓓尔小姐却不肯听……"

"她让你咋演你就该咋演，否则你就给我走人，我可不管什么合同不合同!"

卓别林镇定地回答："孙纳特先生，如果你要辞我，那就请吧。我只不过是为了提高影片的质量。"

孙纳特一句话不吭，一摔门就冲了出去。

次日早8时有一次排演。卓别林坐在化妆室里并不化妆，他在等待孙纳特的正式逐客令。

不一会儿，孙纳特推开化妆室的门，探进来半个脑袋："卓别林先生，请到玛蓓尔化妆室去，我有话跟你说。"

玛蓓尔并不在化妆室，她在别处审样片。屋子里只有卓别林、孙纳特两个人。

"卓别林，听我说，你是一位优秀演员，这里谁都敬佩你——当然也包括玛蓓尔小姐。你就帮帮忙，与她合作下去吧。"

"不。她毕竟太嫩了，真没有资格指导我。"

"你宽宏大量一些，好吗？"

卓别林很奇怪，孙纳特昨天怒发冲冠，今日却和颜悦色。

他试探着说："你让我自编自导自演好了，你也省不少麻烦。如何？"

"你的片子，赔钱怎么办？"

"我可以把1500美元存在银行里；赔了

← 《狗的生涯》海报

钱，这1500美元就归公司了！"

"你有电影故事吗？"

"有的是，要多少有多少。"

"好吧。你和玛蓓尔拍完此片，我就给你安排。"

当晚，孙纳特陪卓别林和玛蓓尔一起吃了饭，算是和解表示。卓别林也礼貌地向玛蓓尔小姐致歉。

次日拍片时，玛蓓尔一反常态，主动向卓别林讨主意，二人合作顺利，圆满地拍完了那部片子。

卓别林原以为自己非被辞掉不可，不料孙纳特先生却是前倨后恭，他心中一直费解。后来才知道，孙纳特原打算辞退卓别林，但就在那个时候，他收到了公司驻纽约办事处的电报，催他多拍卓别林的片子，因为那里供不应求。因为基斯顿的影片，一般仅为20拷贝，但卓别林主演的片子，已增至45拷贝，而且新的订单还源源不断寄来。

卓别林自编自导自演的第一部片子叫《遇雨》。该片发行很卖座，孙纳特自然高兴。卓别林每拍一部片子，他都给补贴25美元作为奖赏。

接着，卓别林又连续拍摄了《20分钟的爱情》《牙医师》《面包和炸药》《舞台工作人员》等，上座率非常高，十分受欢迎。卓别林的名气越来越大。

雪尼也借了卓别林的光。他第一次看弟弟的影片，笑得像个傻子似的说："我早知道他会一举成名的。"后来，卓别林把雪尼推荐给孙纳特。孙纳特与雪尼签订了为期一年的合同，周薪200美元。雪尼携妻子举家迁到了美国，来到了基斯顿公司。

卓别林一跃而成了基斯顿公司第一红角，全美著名笑星。孙纳特对待卓别林特别好，每天都请他一道吃饭。公司其他人更不用说了，无一不喜欢他，都亲切地叫他的爱称"查理"。这种亲热的表示，也佐证了他艺术上成功的程度。

卓别林在影坛已树起了一面独特的旗帜。

← 卓别林的哥哥雪尼与妻子

亿万观众的宠儿

　　只要你播撒希望的种子，上帝就会赐
予你丰硕之果。

　　　　　　　　　　　　——作者题记

　　该是卓别林与基斯顿公司续订合同的时候了。卓别林已掂量出自己的价值。他是在给公司股东们打工，他不想让公司从自己身上盘剥更多的钱。他理直气壮地对孙纳特说："若续订新合同，我的周薪是1000美元！"

　　孙纳特吓了一跳："什么？连我也拿不到这么多的钱哪！"

　　卓别林"哼"了一声，然后耸了耸肩，他的潜台词是："你怎么能跟我比？——公司的利润几乎全部来源于我卓别林！"

　　孙纳特与凯塞尔、鲍曼等商量后，答复卓别林道："你尚有4个月期满。现更改原来的合同，将你周薪升到500元，1年后加到700元，2年后加到1500元。这样，你的平均周薪也是1000元了。怎么样？"

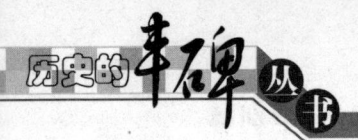

卓别林说:"如把顺序倒过来就成第一年1500元,第二年700元,第三年是500元。"

孙纳特说:"你真是个怪人!"

卓别林一点也不怪,更不傻,他不过懂得如何保护自己的权益罢了。

一天,埃山奈影片公司派代表罗宾斯同卓别林洽谈。

卓别林又提高了价码:"如果埃山奈公司给我周薪1250美元,并在签约之前能给我1000元红利,我就干。"

罗宾斯请示了公司决策人之一的安德森先生。安德森在电话中表示同意,并说他将亲自携带1000元现

1915年在埃山奈公司的合影 中间为卓别林

在埃山奈公司的工作照片 左二为卓别林

款来见卓别林。几天后，安德森来到洛杉矶，但并未兑现诺言，只是说："等你到了芝加哥，此事会由我的合伙人斯普尔办好的。"

卓别林告别基斯顿公司，真有点依依不舍。他在此一炮而红，跟同仁们处得十分融洽。他竟没有勇气一一同大家道别。他怕自己流泪，也怕看见别人的眼泪。于是，他悄悄地同安德森一起上了火车。

他们到芝加哥，斯普尔已离开了那里。

后来，卓别林才清楚，斯普尔是躲他而去。原来，斯普尔听说安德森与卓别林签了那么高价的合同，吓了一大跳，就拍了一个措辞激愤的电报给安德森，问他是不是疯了。也难怪，他的公司一直不景气，公司演员没有超过周薪75美元的，所拍的片子多数收不回成本。

　　卓别林加入埃山奈公司的消息，很快传遍新闻界。当斯普尔面对现实返回芝加哥宴请卓别林时，他才如梦方醒。出席宴会的朋友以及新闻记者纷纷向斯普尔表示祝贺，因为自从卓别林加入该公司后，卓别林影片已预售出65拷贝。这是该公司从未有过的奇迹。斯普尔这才明白自己没有正确估算卓别林艺术的真正价值。

　　不久，卓别林首拍影片在埃山奈问世了，一下子就售出了135拷贝，而且订单还在陆续到来。斯普尔情绪高涨，下令把卓别林拍的胶片由每英尺1角3分提高到2角5分。

　　卓别林也不含糊，责问斯普尔说："先生，如果你高兴的话，你现在仍旧可以取消我们之间的合同——实际上，你们现在已经违约了！"

　　斯普尔立即道歉，并说："查理，放心吧！我们公司一向是信誉卓著的，一定按合同办事。"

　　卓别林寸步不让，说："可这一次，你们并未信守合同！"

　　"我这就着手办此事。"

　　卓别林又着手为埃山奈公司拍新片。他先到奈尔斯电影厂，吩咐工作人员先在摄影棚搭一个考究的咖啡馆。此时他什么构思也没有，一旦咖啡馆搭成，他的灵感就会源源不断地喷涌而出。

趁这里搭景时，卓别林就同安德森赴旧金山，要在音乐喜剧团物色一位女演员。卓别林选来选去，并未有中意人选。后来有人介绍一位叫艾娜的姑娘。卓别林一见到艾娜，就看出这是一位风姿绰约的美人，但她能否会演戏倒是未知数，因为她从未尝试过。

第二天，卓别林、安德森和艾娜一同回到奈尔斯电影厂。这时，搭景虽然完成了，但还很粗糙，需要重新加工。

卓别林构思剧情，把片名定为《夜游》。

电影开拍前一晚，卓别林招待大家去吃夜宵。吃完饭，有人闲聊，有人玩扑克。

卓别林夸口说："我会催眠术，可在60秒内使任何人睡过去。"

剧组的人多信以为真，可就是艾娜不相信："先生，你在瞎说。谁也无法给我催眠。"

卓别林有意试试她的表演才

→埃山奈公司第一张明信片取自卓别林的肖像

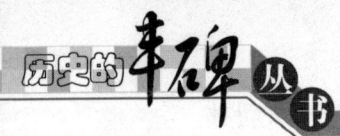

能，就激她道："你呀，正是理想的催眠对象。那好，咱俩打10块钱的赌！"

"我应战！"

卓别林吓她道："你可小心，催眠以后会有一种不舒服的感觉，你可想好。"

"我并不怕，请吧。"

↓1915年，卓别林在埃山奈公司拍的宣传照片

卓别林见她执意要赌，就使出一计，说："为了让你聚精会神，你必须离其他人远一点儿，在那墙根前站好。"

艾娜走到远处墙下，面对卓别林站住。卓别林装模作样地向她"发功"，然后将脸贴近她，悄声说："这是假的。你我把这场戏演到底，好吗？"

艾娜嫣然一笑："这我早就知道。"

卓别林"发完功"就朝后退，艾娜则开始摇晃。

众人赶紧把艾娜抱到床上。艾娜"醒"过来之后，装出一副迷茫的神情，又声称自己很疲劳。

卓别林满意地笑了。他觉得她演得很成功，骗过

一埃山奈公司的宣传明信片，艾娜与卓别林

了众人，为了一场玩笑，表现得很富有幽默感，说明她既有胸怀，又有表演的潜力。后来证明，她在影片中扮演的角色都很出色。

卓别林为埃山奈公司每拍一部笑片，市价就上涨一倍。于是公司不失时机地向放映卓别林影片的戏院提出新的条件：放映一部片子，每天要向公司多付出50美元的租金。由此可见卓别林的声望与日俱增。

一天，纽约马戏团打来电报，邀请卓别林每晚抽出15分钟，在马戏演出之前登场亮相，为期两周，愿付25000美元酬金。

卓别林立即拿电报给旧金山的安德森挂电话，说自己不愿放弃那25000美元的机会。安德森不让他去纽约，说如果他再为公司拍一部长达两本的笑片，公司另外补贴给他这笔钱。次日，安德森抵达洛杉矶，把一张25000美元的支票交到卓别林的手上。

卓别林偶尔翻开报纸才知道，看他电影的观众到处排着长队，他每拍一部新片，声望就升高一级，在纽约，所有百货商店、药店等都在出售卓别林所扮角色的肖像、玩具等；齐格菲歌舞团的姑娘们，上台表演卓别林的节目，嘴上贴着小胡子，戴上圆顶帽，穿上大肥裤，蹬上大皮鞋，并唱着《瞧那双卓别林的脚》……

埃山奈公司也向各放映卓别林影片的戏院增加了租金，每部片子可获利10万美元！报纸这条新闻使卓别林警觉起来。自己身兼编、导、演，每周仅拿1250美元。而他夜以继日地拍片，每两三周就拍好一部新片。卓别林提出加薪。斯普尔反应极快，立即从芝加

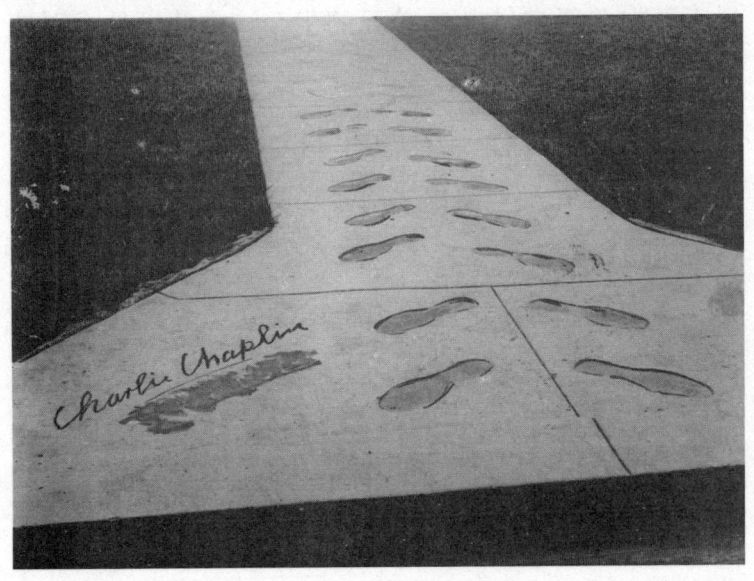

←卓别林的脚印

哥赶到洛杉矶，答应卓别林每拍一部新片，卓别林将另外获得10000美元的红利。

合同行将期满，斯普尔提出卓别林如果能再拍出12部影片（由公司支付一切费用），情愿付给35万美元的酬金。

卓别林拒绝了。因为雪尼已经辞去了演电影的事，专职做卓别林的经纪人。雪尼已把互助影片公司将以更高的价码聘请卓别林的信息传达给了他。

美妙而迷人的未来，正在向卓别林招手。

卓别林为埃山奈公司拍摄的最后一部笑片是《嘉尔曼》。《嘉尔曼》剪接工作一结束，他就拎着一个小手提箱，给雪尼拍一个电报，然后，乘火车前往纽约。

这是一列慢车，需5天才能到目的地。这天下午7时，火车即将到达得克萨斯州的阿马里洛市。卓别林正在洗漱间刮胡子，满脸抹着雪白的肥皂泡。

火车缓缓地进了站，却突然间被沸腾人群包围起来："快找到他！""他在哪儿？""查理·卓别林！……"

整个月台是一片喧闹声。

卓别林正刮胡子的手停下来，他被吓呆了。他不知出了什么事，不知这许多人为何呼唤他的名字。

这时，在警察的保护下冲入车厢的几个西装革履的人，急匆匆地大声呼喊："卓别林先生，你在哪儿？"

卓别林丢下剃刀，抹了一把脸，下意识地答道："我就是卓别林，先生你找我有何贵干？"

"我们代表得克萨斯州阿马里洛市长和观众，向您表示敬意，并请赏脸与我们市长、观众见一面！"

卓别林这才明白怎么回事。他指着自己的肩膀、仅刮半边胡子的模样说："先生们，瞧我这副尊容，怎么能行呢？"

"没关系的，你穿上衬衣就成。"

卓别林见成千上万的人在月台上等他，也

← 《夏尔洛从军记》剧照

→《发薪日》剧照

顾不了许多，边披衬衣，边系扣，边往车厢外面走。

代表们向群众招手致意："大家安静一下！卓别林先生就在这里！现在，请市长先生致欢迎辞！"

人们摇动着手帕、帽子，高喊："卓别林！卓别林！……"

警察一再呼喊："请诸位安静！请市长先生讲话！"

市长竭力想压过欢呼声，声嘶力竭地喊着讲话："卓别林先生，请允许我代表阿马里洛所有热爱您、崇拜您的观众……"他的演说只说到此处，就被群众的欢呼声淹没了。

群众蜂拥过来，把市长挤到卓别林的身边，接着市长与卓别林都被挤到火车车厢上。

市长也顾不得继续致辞了，只顾安全问题了，命令警察赶紧维持好秩序。

一队警察边推边嚷："退后！退后……"

过了一会儿，秩序好了一些，市长用力敲击一个临时安放的桌子，继续致欢迎辞："卓别林先生，为了感谢您给我们大家带来的欢乐，请您与我们一起吃一点儿点心、可乐。卓别林先生，请您讲几句话。"

卓别林盛情难却，只好站到桌子上说："我衷心地谢谢大家的盛情。我对阿马里洛市长和观众的盛大欢迎，感到十分惊喜，这是我毕生难以忘怀之事……"

接着，是一片山呼海啸般的欢呼声。

卓别林问市长是如何得知他乘这趟列车的事。市长告诉他："那是通过电报生知道的……"原来，卓别林发给雪尼的那份电报首先发至阿马里洛，再中转到堪萨斯城、芝加哥和纽约。而那些电报生则把这事告知了新闻界……

卓别林回到了火车上，重新把剩下的另一半胡子剃完，可整个列车上的人都往这节车厢里挤，想瞧瞧真的卓别林到底是何等模样。旅客们呆呆地盯着卓别林，发出一阵阵笑声。

卓别林回到座席上，很是激动，也很高兴。但此时此刻，他尚不能充分理解阿马里洛所发生的一切。

少顷，列车长给卓别林送了几份电报："我们堪萨斯城人民恭候您的大驾。""我们已备下轿车，供您抵达芝加哥转车之用。""我们竭诚恭迎您下榻在布莱克斯通旅社。"……

当列车驶近堪萨斯城时，人们沿着铁路线奔跑、欢呼。车站被成千上万观众围得风雨不透。许多警察已无法控制局面，人们向列车蜂拥而至，边挥舞帽子、纱巾，边热烈欢呼："查理·卓别林！"……警察找来一个梯子，竖在车厢一旁，让卓别林登上梯子与观众见面……

卓别林回到车厢里，收到了一大堆电报。他无法一一作答，只好统统塞进手提箱里。

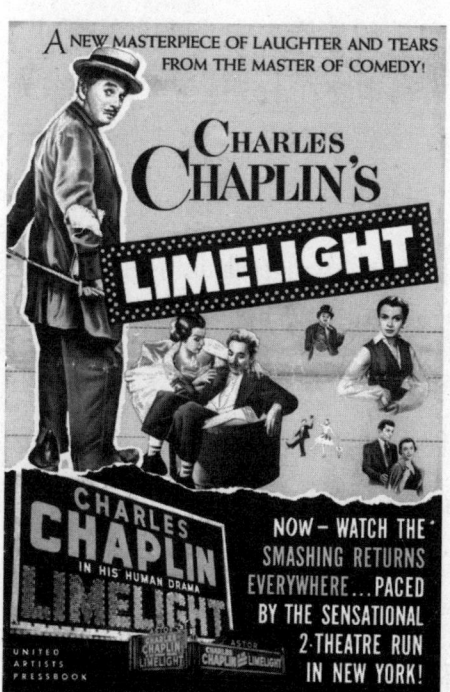

→《舞台生涯》海报

从堪萨斯城到芝加哥，一路上都是人群，不断向列车招手、欢呼。这给人一种感觉，这个世界已经疯了！这时，卓别林反而感到自己被孤立了。自己本属于他们中间的一分子，现在反而有一种被隔开的感觉，有一种孤独和愁闷之感。

到了芝加哥，卓别林受到英雄般的夹道欢迎，一辆轿车来到他的面前，并驱车驶到布莱克斯通旅社，请他稍事休息。这说明观众非常诚挚地爱戴这位艺术家。

他在旅社收到纽约警察局长拍来的电报："查理先生，请您不要按原先安排的那样去中央火车站下车，因为那里早已等满了人，请您在125号街车站下车为好。"

卓别林只好遵命，重上火车，到纽约时，就从125号街下车。而雪尼也正乘一辆轿车在那儿等他。

卓别林上轿车以后，雪尼说："查理，你比总统都受欢迎。纽约中央火车站一大早就挤满了人，都等着一睹你的风采。自从你离开洛杉矶那天起，报社每日都发布关于你行程的新闻公报。"他拿出几张报纸，上面用大字标题写着："查理在隐蔽之中！""查理已抵达本市！"……

雪尼又告诉卓别林：他已经同互助影片公司谈妥，

每年给卓别林的酬金是 67 万美元，在签署合同的同时，公司预付 15 万元的红利！

次日，保险公司给卓别林做体格检查，体检合格。卓别林与互助影片公司负责人一起签了合同书。许多记者争先恐后拍摄卓别林手持那 15 万美元支票的瞬间。

当晚，卓别林到纽约时报广场徜徉，他从纽约时报大厦霓虹广告上看到一则醒目新闻：卓别林与互助影片公司签订年薪 67 万美元合同。

1916 年，卓别林与互助电影公司的创始人合影（左起：赫斯、卓别林、尼特和格里菲思）。

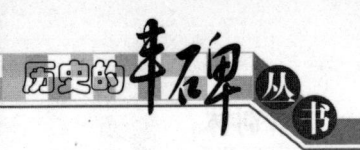
第一次失败的婚姻

> 婚姻是一道代数题，有时是一个解，有时是数个解。
>
> ——作者题记

卓别林来到好莱坞中心区电影厂，开始对互助影片公司履行 67 万美元的合同了。艾娜小姐也随他而来。

卓别林在互助公司拍摄的第一部笑片是《百货公司巡视员》，观众一下子就会想起在自动楼梯上上下下打闹的情景，令人捧腹大笑。接着，他以工作狂的姿态全力以赴投入拍片，紧锣密鼓地拍摄了《救火员》《无赖汉》《午夜一点钟》《伯爵》《当铺》《拍电影》《溜冰》《安乐街》《治病》《移民》《越狱》。这几部笑片，仅仅花了 16 个月时间！卓别林简直就是拍电影的机器！

可以想见，他自编自导自演这么多影片，不经过呕心沥血、废寝忘食，是无法办到的，个中的艰辛是不言而喻的。有时他在拍摄当中卡住了，就在化妆室

弗兰蒂奇电影院门外贴满了卓别林电影的宣传片

里踱来踱去，在布景后面冥思苦想、搜索枯肠。此时此刻，演职人员一声不敢吱，你瞅我，我瞪你，有时要持续一两天。卓别林很沮丧，说："我大概是江郎才尽，完蛋了！"可往往在一天即将结束的时候，就在山重水复疑无路的时候，蓦然灵感袭上心头，柳暗花明又一村。卓别林一跃而起，嚷道："有了！"顿时，整个剧组立即活跃起来。

在互助公司是卓别林最惬意的时期。他年仅27岁，每周收入万元以上，即将成为百万富翁了！他一天无忧无虑，轻松自如，把身心全部交给了电影艺术，在他面前展现着无限美好的前景。周围上上下下的人都爱戴他，就是刚刚认识的人也会立刻成为他的朋友。

生活中充满了阳光和鲜花。

卓别林剪接完合同上规定的最后一部片子，在家里轻轻松松地洗了一个澡。他走出浴室时，顺便抓起小提琴，悠闲地拉起了一支优美的乐曲。

此时雪尼不知何时进来了，见卓别林腰上围一条浴巾，边走边拉小提琴，忍不住笑了。

"嗨！查理！你现在已经属于百万富翁阶级了，我刚刚为你谈好一笔交易。为第一国家影片公司拍8部笑片，酬金是120万美元！"

卓别林仍边拉边走，毫不在意地说："是吗？那很美呀，我想。"

雪尼突然大笑，说："你屁股上围个浴巾，手里拉着小提琴，听了我谈妥120万美元的合同，竟是这样无动于衷呀？"

卓别林搂住哥哥的肩膀："我装得潇洒一点，岂不更浪

从16岁开始，卓别林就坚持每天练习4到6个小时的小提琴和大提琴，在剧场演出也会带着他的乐器，作为小道具。

漫？哈哈哈……"

120万！这可不是小数目！对于曾经有过饥不得食、露宿街头经历的卓别林来说，金钱绝非是可有可无之物啊！

这些年来，卓别林虽然很有钱，但他一向埋头于艺术，根本顾不上花钱享受，所以一切财富，并没有改变他的生活方式。他习惯于拥有财富，却不曾习惯使用这些财富。他所挣的那些神话般的钱，只存在银行里不曾使用，就仅仅代表一些阿拉伯数字而已。

当他正式与第一国家影片公司签署完120万美元的合同书之后，他来到一家汽车行，看到一辆当时美国最豪华的7座"汽机"牌小轿车，就问营业员："这辆车多少钱？"

↑ 1922年，卓别林有了自己的工作室

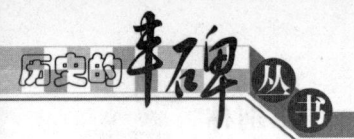

"4900元！"

卓别林二话没说，数了数钱交给他，说："我买了！"

他开着"汽机"回到寓所。

接着，他又雇了一个司机、一个秘书、一个仆人。

他总算初次品尝到了富贵的滋味。

互助影片公司合同期满，卓别林满面春风地来到第一国家公司报到。但国家公司尚未建厂。此时好莱坞已成为美国电影圣地，卓别林理所当然地把厂地选在了这里。一座设备齐全的电影制片厂在好莱坞落日大街拔地而起。当然摄影棚、洗印间、剪接室等，尚需进一步完善。

在等待装潢修缮电影厂的空当，卓别林携艾娜赴檀香山去旅行。

夏威夷远离大陆2000英里，是一个翡翠般风光旖旎的岛屿，盛产菠萝、椰子等许多水果，到处是一片热带花草树木，更不用说那湛蓝的浩瀚大海、广阔的蓝天白云，是情侣休憩的好地方。

卓别林一年四季多是锁在摄影棚里，趁机来享受一下大自然的恩赐，而且同美丽动人的姑娘艾娜朝夕相伴，当然是人间一大乐事。

卓别林自从与艾娜一道工作以来，关系越来越密切。当他们一起在洛杉矶拍片时，艾娜租了一间公寓，几乎每晚都是由卓别林陪她一起吃晚饭。久而久之，彼此似乎谁也离不开谁了，暗中都在合计婚嫁之事，于是有了此次的夏威夷之行。他俩在此待了一个月，过得很快乐。

然而，当他们返回好莱坞一道投入工作时，却出现了裂痕。

一次，一位漂亮的女主人盛情邀请卓别林、艾娜参加有许多如花似玉的美女参加的游园会。好客的女主人牵着卓别林的手，走到一个个美女面前，一一做介绍。当他与一群美人来到一座凉亭饮酒时，忽然来人通知他："艾娜小姐晕倒了！"

不用说，卓别林丢下群美，连跑带颠地去看艾娜。艾娜清醒以后第一个唤的名字就是卓别林。于是，卓别林陪着艾娜回家，一直待到晚上。

此后，类似的事情一再发生，凡是有美女向卓别林表示好感，艾娜就犯病晕倒，她醒后唤的名字仍是卓别林。于是就立即有人通知卓别林，卓别林无论在干什么，都会飞快地来到她身边。这已成了惯例。可是时间长了，次数多了，卓别林已明白了她的小诡计，未免烦恼起来。

一次，范妮·沃德举行酒宴，卓别林、艾娜应邀

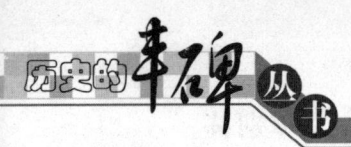

赴宴。赴宴的还有许多美女俊男。这一次，艾娜又晕倒了，但她清醒过来召唤的名字却是"汤米·米恩"。汤米·米恩是派拉蒙影片公司的男主角，身材很魁梧。

当时，卓别林并不知情。但范妮·沃德知道卓别林对艾娜一往情深，十分痴情，怕他受人愚弄而把真相告诉了他。

卓别林闻讯十分伤心，自尊心受到不小的打击，次日简直工作不下去。这是从未有过的事。他在化妆室待了一上午，什么事也没干，踱来踱去，只想着艾娜的事。他忍不住给她打电话，以幽默的口吻说："艾娜，我听说你昨天晕倒醒后唤错了人，你的记性未免

卓别林向第一国家影片公司递交拍完的第一部电影作品

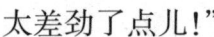

太差劲了点儿!"

她咯咯笑起来,但明显在笑声里有些发窘:"别开玩笑了,你胡说些什么哪!"然后她又调皮地追问谁说的,并一口咬定是谣言一桩。

卓别林正色地说:"我想你总该重视我,还不至于公然地玩弄我。不过,话又说回来,爱,是你的自由,不爱,同样是你的自由。只要你对事业认真负责,其他都没关系。"

艾娜对不影响合作的话,欣然表示同意:"不管怎么说,我们还会是朋友的。"

→《光明面》剧照

卓别林已听出弦外之音，心里未免一沉，有一种酸楚之感。"水性杨花——这就是女人啊！"他又有什么办法呢？

如此分手是痛苦的。此时他突然觉出自己非常依恋她。于是，他再次拿起电话，几乎是恳求她一起吃顿晚饭。二人虽然可以正常合作，但实质上裂痕并未愈合。

卓别林原希望关于艾娜与汤米·米恩的事纯属谣言，并告诫自己因为一个谣言就与朝夕相处的女友分手，对于她显然是不公平的。事隔3个星期，却由她自己证实了这段公案。卓别林到办公室领薪水出门时，正与艾娜和汤米·米恩迎头碰上，原来艾娜是携男友来领薪水。艾娜一点不显尴尬，甚至有点春风得意："查理，你认识吧？——这位是汤米·米恩先生。"

卓别林先是一愣，继而吃惊，片刻之间，艾娜似乎成了一位陌生人。她那副姿态，也仿佛仅仅是认识过卓别林而已！

卓别林握着汤米的手："你好，汤米！"

于是，汤米陪着艾娜一起走出制片厂的大门。

直到此时此刻，卓别林才从痴情中醒悟过来。他从办公室出来，就郁郁寡欢地回到寓所。他喝了不少的酒，落下了不少眼泪。这是被欺骗之后的清算。啊！

人生的过程就是一场斗争的过程，要么你是为了爱情，要么你是为了事业，要么你是为了其他的事。在卓别林看来，事业的成功比起其他之事更重要得多，而且一旦成功，你就应该而且必须努力维持那如同少女般变幻无常的美誉。

　　卓别林把酒瓶摔在门槛上。他决心要在事业上获得慰藉。他戴上墨镜，在黄昏时出去散步。他在市区徜徉，茫然地张望商店的橱窗、飞驰而过的汽车、西边地平线的落日……这时，孤独、忧郁就随着阵阵微风飘逝而去。在返家的途中，精神已经开始振奋起来，一部新的笑片开始在脑海跃动……

　　他为第一国家影片公司拍摄的第一部搞笑片是

→《狗的生活》海报

《狗的生涯》。他在故事里把一只狗与一个流浪汉的生活轮番推出，提出了一个严肃的社会问题，含有讽喻的意味。在第一组镜头里，是从一群咬架的狗中救出一只狗；第二组镜头，

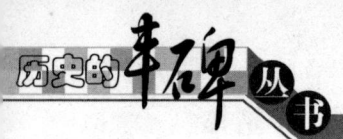

是从一个舞厅中救出一位姑娘，而这姑娘过的日子也跟狗差不了多少。整部片子就是围绕这一结构穿插许多笑料和打闹动作。这同样是一部备受欢迎的影片。

一次，他因故去洛杉矶，发生了一件风流韵事。

当晚，他办事归来，住在亚历山德里亚旅社。他一边脱衣服，一边哼着当时的一支流行歌曲，时断时续。可是就在哼断的时候，隔壁的一个女声就接着哼下去。她哼了几句，也停下来，似乎在等待他接下去哼。于是，他便从她哼断的地方接下去哼，并时哼时断。而她，则又从他断哼之处续下去哼。他觉得很好玩，就与她如此这般彼哼此落地玩下去，一直到哼完那支歌为止。

要不要认识她一下呢？可是他并不认识她，不知她究竟是一个什么样的人，就下不了决心。无意间，他又吹起了那支曲子，而她则接着他的口哨故伎重演。

他突然认识到这是一个活生生发生在自己身边的喜剧，至少应捕捉一下。

"嗨！我说女士，这很有趣啊！"

一个女声从隔壁传来："你说什么？——我听不清楚！"

"那么，就请把门打开。"

"我只开一个缝，你可不许进来呀。"

"好吧，一言为定。"

她开了一个缝，一个年轻美貌的金发女郎出现在那里，一双水灵灵的碧眼正笑容可掬地窥视着卓别林。

卓别林看见她是那样妩媚可爱，那一件绸睡衣，也令人着迷。

"小姐，你很美丽。"

"不许进来呀，你进来我就打你。"她说了一句逗人笑的话，露出两排雪白的牙齿。她虽如此说着，却打开了大门，微笑着打量着他。

卓别林作了自我介绍。

她妩媚而狡黠地一笑："我早就知道你住在我隔壁，早就想一睹大明星的风采，不料却在这种情形下邂逅，真是妙不可言。快请进来坐坐。"

"你不打我吗？"

"怎么会舍得呢？——你是那么可爱……"

"既然了解了我，我也该知道小姐的芳名。"

"查理，你可以占有我，但不需你知道本小姐的芳名，以后就是在旅社大厅见到我，就权当不认识好了。"

"如此神秘，为什么？"

"不需你问。"

她用两条雪白如莲藕般的膀子搂住他的脖颈，把红唇凑了过来。

这一切，令卓别林猝不及防，这飞来的艳福使他一时未明白过来，究竟发生了什么事。

这一夜，他是在她的床上度过的。

第二天，她主动敲他的门，他们一起过了第二夜，第三天晚上，她又来到他的房间。

这时，卓别林想起大文豪巴尔扎克的话："一夜的欢悦，等于足足损失了我小说中一页的内容。"卓别林心里想以此推论，一夜的欢悦，等于损失了电影制片厂整整一天的工作！

因为从她的口气中，无望与她结婚，所以没有必要因此耽误工作。第四天夜里，卓别林蹑手蹑脚地打开自己的房间，悄悄地脱衣倒在床上，准备给她一个一夜未归的假象。然而，一直在谛听他动向的那位神秘女郎，和昨

← 《马戏团》海报

→《有闲阶级》剧照

天一样过来敲他的门。卓别林没有理她，蒙头大睡。

次日，卓别林在旅社大厅里遇见她，她投过来一束冷冰冰的目光，然后瞥了他一眼。

第五天夜里，她并不敲门，却一个劲儿地扭转他的门把手，但他已反锁上了，她自然扭不开，于是她就使劲地捶门。捶了半天，他也未开门。她只好灰心丧气地回到自己床上。

次日，卓别林早早起身，到旅社迅速办理了退房手续，以杜绝她的骚扰，搬到别处去住了。

1917年盛夏的一个下午，制片商萨姆·高尔德温先生邀请卓别林到海滨游泳。同时，他还邀请了不少美丽的姑娘，其中一位名叫米尔德里德的，长得尤为俏丽多姿。卓别林见过的美女如过江之鲫，不可胜数，当时对米尔德里德并没怎么在意，只注意她一个下午都紧盯着埃利奥特先生。他听说她正在与他热恋着。可是，埃利奥特并没怎么理她，并提前搭车而去。

在返回的路上，米尔德里德搭上了卓别林的车。

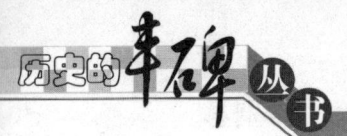

两个人就有一搭没一搭地彼此闲聊。她告诉他，她现在不给派拉蒙影片公司拍电影。他让自己的司机把她送到她的住处，然后送自己回到体育俱乐部寓所。

卓别林感到海水洗去了他一身疲劳，想一个人在屋子里静一静，构思一下他的笑片。可不到5分钟，电话铃响了，是米尔德里德小姐打来的。

"先生，我没有什么事，就想知道你这会儿在干什么。"

卓别林感到很唐突：他与她只有一面之交，可电话中她表现的却似相识已久的情人一般。于是，他只好告诉她，自己正在构思，然后吃晚饭。

"吃完晚饭做什么？"

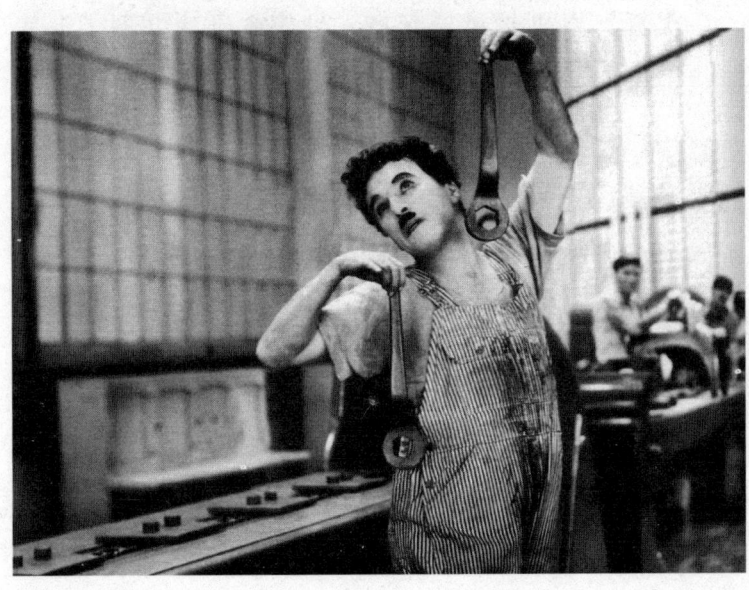

←卓别林的演出剧照

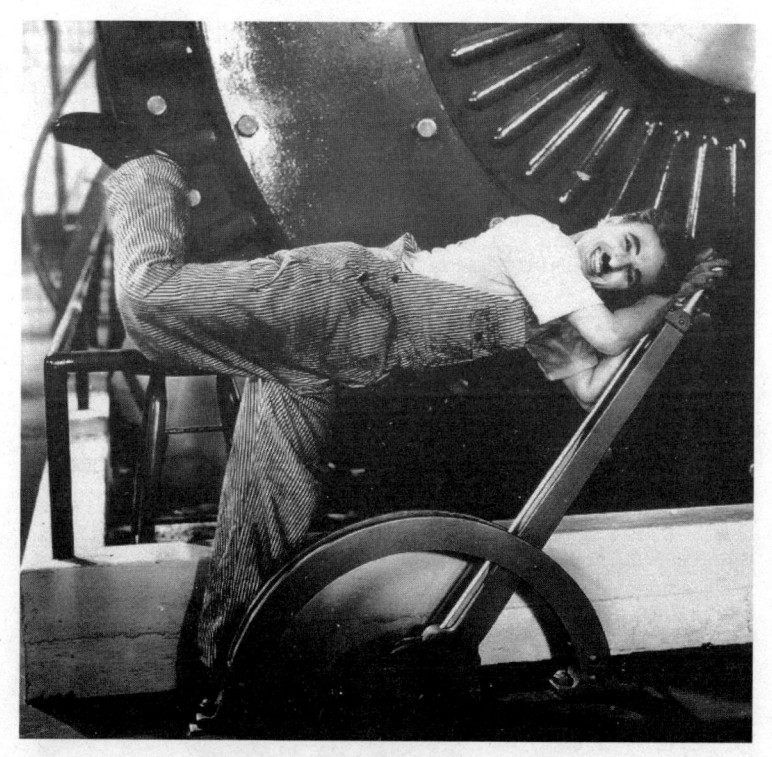

→ 《摩登时代》剧照

"上床，躺着看书。"

接着，她又问他看的是什么书，他是怎样一个人待在房间里，怎样舒舒服服地倒在被窝里，等等。

卓别林也就信马由缰地同她闲扯下去，扯了老半天。

最后，她突然提出："我们什么时候再见面哪？"

卓别林又感到唐突而奇怪，她正热恋着埃利奥特，怎么刚跟自己打一照面，就见异思迁了呢？于是，他以幽默诙谐的话语讽刺她记性不该这么坏，这么快忘掉一个人。于是她发誓诅咒说她对埃利奥特只是作一般朋友看待而已，而今也已分道扬镳了，逼得他只好客气地邀请她一道吃晚饭。她虽然显得很漂亮，但卓别林因受过艾娜玩弄，已对一般美女缺少了热情。

此后，她便常约他一起玩，卓别林也就权当消遣。

后来，她羞涩地告诉他："查理，我怀了一个小查理！"

卓别林吓了一跳："什么？真的可能吗？"

"你我那么投入，为什么不可能？你就准备当爸爸吧！"

卓别林半晌未说话。他知道自己做错了事。他真有些后悔，因为他们还缺乏爱情的基础，就那么随随便便地有了孩子。然而，既然已经到了这一步，他就应对她和未来的孩子负责。

"查理，你不认为我们现在结婚，是很合适的事情吗？"

"好，马上就

← 《凡尔杜先生》海报

→《舞台生涯》剧照

办。"

卓别林回到寓所以后，就指示秘书汤姆为他做好婚礼的一切准备工作，并嘱咐他一直到星期五举行结婚仪式那天为止，一定要保守秘密。

星期五那天从早到晚，卓别林一直在制片厂内工作。晚上7点半，秘书汤姆悄悄来到摄影棚，小声对他说："别忘了，你8点钟的'约会'。"

"约会"是指结婚仪式。地点是在当地主管婚姻仪式的登记员斯帕克斯先生家中。届时，米尔德里德小姐也将出现在那里。

卓别林赶紧卸装，由汤姆帮他穿戴好，迅速坐上"汽机"牌汽车，驶向斯帕克斯先生家中。

卓别林心情抑郁地下了车。

米尔德里德穿一身漂亮装束，脸上露出一副不易察觉的得意微笑。

斯帕克斯迎上来："查理，你的秘书保密工作做得好极了，直到半小时前，我才知道结婚的是您！"

汤姆把一个戒指悄悄塞到卓别林的手里。

卓别林笨手笨脚地把戒指给新娘戴在手指上。这样，二人算履行了婚礼仪式。他牵着她的手，刚要离开，斯帕克斯提醒说："查理，别忘了吻你的新娘。"

这时，卓别林29岁，米尔德里德19岁。虽然搞艺术他是一个绝顶的天才，也许是智慧全部用到一个方面的缘故吧，在认识人的问题上，比如选择配偶，他却有点傻里傻气。卓别林，现在已被套进了一个事先织好的网里。

次日一早，他心事重重地来到电影制片厂，他结婚的消息显然是不胫而走。艾娜从她的化妆室出来，凝视着他："查理，恭喜了！"

"谢谢！"卓别林

← 《朝圣者》剧照

1972 年 4 月，在第 45 届奥斯卡颁奖大会上，美国电影艺术和科学院院长、电影剧作家丹尼尔·卡拉达什将一项荣誉奖即奥斯卡特别奖授予卓别林。

有些尴尬，径直走入自己的化妆室。

次日，米高梅影片公司的梅耶来找米尔德里德谈判，以 5 万美元年薪聘请她去拍 6 部电影。

卓别林劝她说："你不要签这个约。我可以让你在国家公司中一部电影就拿到 5 万元的酬金。"

尽管当时她点头应承，但事后仍然暗地里签了那份合同书。可过了不久，她又同米高梅公司发生纠纷，她让卓别林出面谈判。这使卓别林非常恼火，他断然地拒绝了，而米尔德里德对他也怨声连连。

令卓别林恼火的并不止此事，原来米尔德里德声称怀孕乃是猎取卓别林的一计。利用这种谎言对待对方，无异于欺诈。卓别林感到受了侮辱，感情上遭到了又一次打击。

速成的婚姻往往是速决的结局。两个人几乎没经过恋爱而一起生活，他才发现她的许多缺点：满脑子虚荣，总羡慕新人新事，行动一向鬼鬼祟祟，使他莫名其妙。一年以后，她生下一个孩子，可3天后就夭折了。从此，二人更生分了，都是各忙各的事。而家里则变得冷清了，她就是外出也不打个招呼。他见她的房间大敞四开，才知道她一定是去了外地。夫妻俩就像陌生人一样，毫无快乐可言。

后来，一些关心卓别林的朋友说了种种关于她风流韵事的流言蜚语。卓别林没有兴趣去根究。

一次，卓别林对她说："你在外面的事我不想过问。不过，我觉得我们该离婚了，这对于咱们俩，都会好过一点……"

她也很同意离异。卓别林恐怕新闻媒介大肆宣扬，就和她达成口头协议：彼此谁也不向报界发表任何声明之类。可她违背了协议，竟捏造声

←卓别林生活照

明攻击他，并趁卓别林与国家公司关于《寻子遇仙记》
发生纠葛一事趁火打劫，合谋要扣押该影片，并怂恿
法警来骚扰卓别林。当然，她与国家公司都没有得逞，
但这对于卓别林精神上的创痛倒是不小的。此时，他
才悟出与她这种女人结婚是一大失误，离婚乃是高明
之举。他以高昂的代价，买来了惨痛的教训。

人生的答卷，即使是在卓别林这样的艺术大师和
百万富翁面前，也不是一件轻松之事。

→安享晚年的卓别林

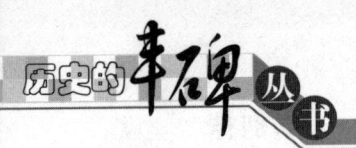

衣锦还乡的滋味

> 泰晤士河上的迷雾，是游子心中的朦胧诗；威斯敏斯特桥，是游子心中的美丽彩虹。
>
> ——作者题记

　　卓别林已经10年未见母亲了。他派人从英国把母亲接到美国。当母亲在帕萨迪纳车站下火车时，她一眼就认出了自己的两个儿子卓别林和雪尼。她被安置在海滨的别墅里。卓别林雇了一对夫妇和一位训练有素的护士照顾她。看来，她好多了。她看了创下上座率纪录的《寻子遇仙记》，尤其高兴。

　　婚姻的不幸，像钝齿一样啮咬着卓别林的心，这些年来头一次感到创作上力不从心。一步步像爬山一样，总算把《阳光山村》拍完了，他也感到精疲力竭了。他为了排遣一下，晚上就到奥尔菲姆戏院去。一次，一位舞蹈演员谢幕时，领着一个4岁男童同她一道向观众鞠躬，可那男童鞠完躬后，忽然心血来潮，跳了几个妙趣横生的舞步，然后大大方方地向观众招

→《巴黎一妇人》剧照

手致意。他是那么活泼可爱，观众忍不住喝彩。男童就重返舞台，换了另一种舞蹈动作，同样是妙趣横生，观众又报以热烈掌声。

卓别林立即喜欢上了这男童。他不由想起自己5岁登台替母亲演出解围之事，他断定这男童会成为童星。

一天，卓别林在摄影棚搜索枯肠，在构思一部新笑片。可是，想来想去竟没有一个情节令自己满意。他踱来踱去，重新想路子。这时，戏院中那男童的可爱形象蓦然出现。他一拍大腿："就是他！对极了！"于是他走马灯般地转着种种念头：一个流浪汉在沿街装玻璃；小孩则沿街砸窗子……

接连几个小时，他如醉如痴地编下去，故事十分有趣！

"可这有什么用！应该首先把那男童找来，跟他父亲订个合同！"

卓别林的话，立即震撼了剧组的人，人人喜欢这个新故事，于是立即行动起来。

男童叫贾克·柯根。贾克的父亲被请来了，听说要让他儿子拍电影，他露出迷惘的神情，然后说："你尽管把这个小坏蛋留下来好了！"

《寻子遇仙记》开拍了。

卓别林手把手地教贾克："你先拿起一块石头，然后你仰头望着窗子做好扔石头的准备。你把手高高举起，一直向后，但此时你触到了一个人的纽扣，这时你慢慢回过头来看，却发现是一位大腹便便的警察。你狡猾地把石头抛向空中，像玩那石头一样，接住石头又丢掉了。然后，你漫不经心地慢慢走了几步，突然加速，拔腿飞快地逃之夭夭……"

贾克十分聪明，照样排练了三四次，都准确地把握了那些动作。实拍时，他的动作和情绪配合得天衣无缝，拍出了最为精彩叫绝的镜头，并把这部笑片推到了高潮。

以前人们只演讽刺剧、滑稽剧、情节剧、幻

←《寻子遇仙记》剧照

→《寻子遇仙记》海报

想剧、现实主义戏剧、自然主义戏剧等，而《寻子遇仙记》则把纯闹剧与感情剧作了有机的结合，可以说是一个新的创举。

《寻子遇仙记》在纽约上映时，一时盛况空前，极受欢迎。正如卓别林对贾克父亲所预言的那样，从此以后贾克成了红极一时的童星，一举成名，各影片公司争相请他演出。贾克拍电影挣了400多万美元！报纸连篇累牍地盛赞《寻子遇仙记》，被誉为第一流艺术品。

接着，卓别林又拍了几部搞笑片。每拍完一部片子，他都累得筋疲力尽，头昏脑涨，像得了一场大病似的，连拍几部影片，劳累的程度就更可想而知了。他觉得思想一时很难集中起来，于是他想休息一段时间，以便再战。这时，他想起很久前曾收到初恋女友海蒂的一封信："查理，你还记得当年不懂事的那个小姑娘吗？……"这引起他怀旧思乡的情绪。虽然海蒂早已成家结婚，但他还是想看一看她。

卓别林吩咐秘书汤姆做好去英国度假的准备，关照暂时关闭电影制片厂，也同样给职工放假。

卓别林从纽约出发的前一天，在爱丽舍酒店有40位高朋为他饯行。

次日早10点，卓别林登上了"奥林匹克"号客轮。不出所料，一大群新闻记者闻风而至，采访卓别林赴伦敦的新闻。卓别林担心这么多记者留下来伴行，这次旅行岂不大煞风景？船开了，倒还不错，绝大多数记者都下船而去，仅有2名记者继续留在船上。卓别林感到轻松不少。他的客船里摆满了朋友和影迷们留下的鲜花、水果等物品。

← 《一个国王在纽约》海报

→ 《淘金记》海报

起航后没过多久，英国的氛围已经出现，他船舱里的餐桌上有英国人喜欢的松鸡、卤肉汁、鱼子酱、小烤饼、香槟酒等。吃完饭，卓别林还扎上黑领带，尽情打扮一番，享受一下富有的快乐。

他原以为这样轻轻松松过几天，就可以回到故乡伦敦，不料"奥林匹克"号布告板上发布了卓别林乘本轮赴伦敦的消息，整船的旅客都知道了自己跟卓别林同船旅行，于是一批又一批的人拥到卓别林的客舱来看他；接着，盛情邀请卓别林的电报像雪片般飞来。人们的狂热不断地升温，似乎在酝酿着一场热带风暴。

《电讯晨报》《联合新闻》报道说："卓别林衣锦还乡！从南安普敦到伦敦，沿途将重现罗马皇帝凯旋盛况！""客轮沿途每天都将发布新闻，查理的一切活动，本社每小时都将发出新闻简报，并在街头发售号外，介绍这位大名鼎鼎、小矮个儿、撇着一双怪脚的演艺家。""《查理，我的亲爱的》这首詹姆斯二世党人所唱的古

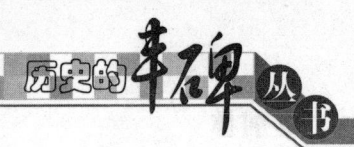

老歌曲，具体地表现了一周来整个英国对卓别林的那种狂热，这种狂热每时每刻将随着'奥林匹克'号的逐渐到来而不断升温。""'奥林匹克'号今晚将在淡雾中泊靠南安普敦，现已有大批影迷聚首该地，欢迎这位矮小的先生。警方已为此做出部署，以便在码头以及市长欢迎查理的典礼上维持秩序。"……

　　卓别林虽然在那次前往纽约途中已出乎意料地受到盛大欢迎，但仍旧不曾料到此次返回故国会受到这样盛大的欢迎。他觉得自己不配受到这么隆重、热情、盛大的欢迎。如早知会有此殊礼，他宁可暂不回国，或做一次秘密返乡。他只渴望回到伦敦看看阔别10年之久的那些难以忘怀之处，如瞧瞧波纳尔弄3号的那扇窗子，

← 《摩登时代》剧照

→
《摩登时代》海报

看看父亲曾住过的肯宁顿路287号2楼的住处，在那童年经常踯躅的肯宁顿路、布里克斯顿路走一走。因为这些地方，已深深地铭刻在他的灵魂深处。

横渡大西洋的"奥林匹克"号抵达法国的瑟堡。一大群各国记者蜂拥上船，向卓别林采访："你来英、法有何新的构想？""你对爱尔兰问题有何看法？"……

"奥林匹克"号驶离瑟堡，开赴英吉利。疲劳数日的卓别林终于酣然入睡。他一觉醒来，听到轮机停了，听到码头上英国人在狂呼："查理！查理！……"

侍者送来一杯热咖啡和几份当日报纸。卓别林翻阅报纸，只见上面的大字标题是：

卓别林归国盛况不亚于停战日

伦敦城人人谈论卓别林来访

卓别林抵达伦敦将受到盛大欢迎

看哪，我们的儿子回来了

在码头上，南安普敦市长在欢迎卓别林的仪式上致辞。仪式过后，卓别林匆匆登上开赴伦敦的火车。

这时，海蒂的哥哥阿瑟来到卓别林的包房。卓别林告诉他：海蒂曾给他写过一封信。他此行一定要去看她。

阿瑟愕然，然后说："查理，很不幸，海蒂已经死了！"

卓别林下意识地打了个冷战。他没料到人世沧桑竟然如此之速！他大为悲戚，因为海蒂是他做少年郎时的女友，也是他此行唯一要见的故人！

火车一声长鸣，把他从往昔幻境中唤醒。原来列车已进入伦敦城郊——滑铁卢车站到了！

啊！伦敦，魂牵梦绕的故乡啊，你的面貌该是何等模样啊？

　　他被人簇拥着走下火车。月台上用绳子拦住，千万人在涌动、欢呼："查理！查理！……"警察们穿梭般地维持秩序。

　　卓别林在警察的保护下，向月台一侧走去。

　　"看哪！卓别林！"

　　"查理！好样的！"

　　卓别林在一片闹哄哄紧张的气氛中，被推进一辆轿车内。

　　他叮嘱司机一定要途经威斯敏斯特桥，因为那里曾是他徜徉的故地。一路上，他发现伦敦大大地变了模样，处处是旧貌换新颜，醒目的伦敦郡会议大厦拔地而起。汽车拐过约克路，威斯敏斯特桥像一道彩虹般出现在眼前。大桥和昔日一样，似乎永恒地矗立着。往日的情愫像一道小溪从心田流过，他眼里噙满了泪水。

他下榻在里茨旅社。因为当年它落成时是那么富丽堂皇，小小年纪的卓别林经常想象那里面该是什么模样。

旅社门前早聚满了人，欢呼着卓别林的名字。他下了汽车，向人们发表了简短的演说，然后在警察、朋友们的保护下钻进旅社大门。可是欢迎的人群并未散去，不断欢呼卓别林的名字。卓别林不得不一次次走上阳台，向"老乡"致意。

卓别林的房间坐满了新朋故友。他原打算休憩一会儿，独自领略一下故乡风情，却是困难之事。于是

←卓别林和马克斯兰德

《舞台生涯》是卓别林
向有声电影时代"屈服"的
一部情感电影。

他拿出编剧本领，谎称自己累了，要小睡一会儿，就
客客气气地把人打发出去。人们刚一离去，他立刻化
妆更衣，乘运行李电梯，悄然出了后门。

他在暮色苍茫中，沿着杰明街，经过草市场，穿
过特拉法加广场，从国会街来到威斯敏斯特桥。他在
桥上流连忘返。

后来，他来到波纳尔弄3号。他缓缓向那幢房子
走去，仔细地打量着一砖一瓦，最顶楼的两面窗，是
母亲经常向外眺望之处，就是在这个地方，母亲由于

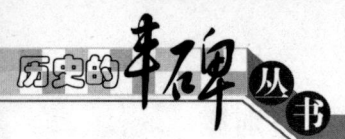

饥饿而导致营养不良，最后发了疯。记得母亲清醒后对他和雪尼说的第一句话是："那时要是有点儿吃的，就不会是这个样子了！"他在这驻足凝思，昔日母亲的话语声声在耳，他的眼睛湿润了。这时，几个小孩围拢过来，他只好转身而去。

他来到肯宁顿路287号。这里曾是他生父居住之处，母亲疯了以后，他也曾来此住过一阵。他凝望二楼的窗子，却显得安谧而神秘。

他拐到肯宁路后面。这里曾是他帮人劈柴赖以糊口之处。

后来，他来到肯宁顿门，这是他第一次同海蒂约

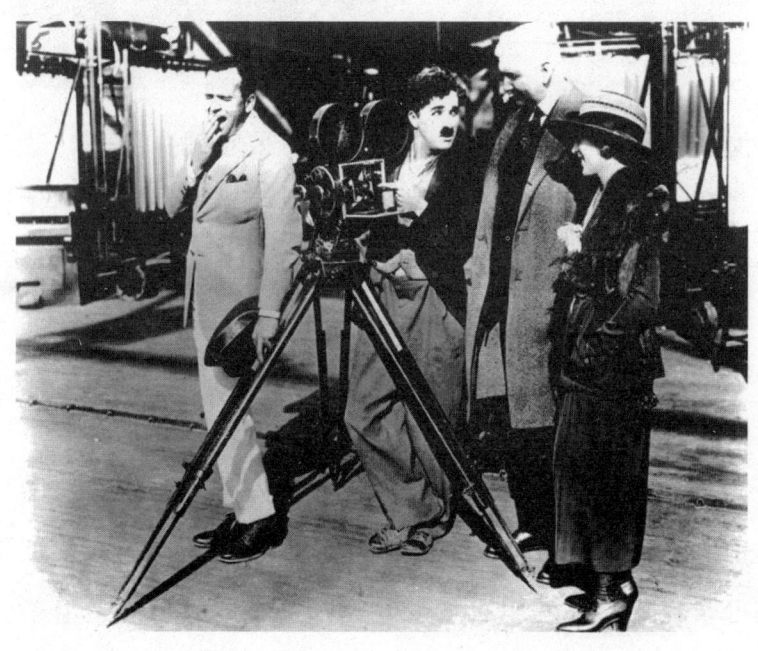

←卓别林站在摄像机旁

会之处。他忆起那娇小身躯的海蒂，而今已做了古人，真是世事难以预料。

在归途中，他进入号角酒店喝了一杯酒，借以怀旧。然后，就沿着大街漫步。

这就是那人人都固有的乡情啊！

接着，卓别林不断地参加演艺界、工商界以及社会名流举行的各种招待会。

他在招待英国新闻界时，偶尔说了一句话："此次回国，我将重访在英国度过的童年之地，好好领略一下乡土气息，还要尝一尝当年喜欢吃的清炖鳝鱼、糖浆布丁。"

这一无意之言可了不得了，大家都请他吃鳝鱼、糖浆布丁，甚至在菲利普·沙逊爵士所举行的极为豪华奢侈的宴会上，也少不了这两道菜。

卓别林热爱故乡，"老乡"也热爱他。

卓别林依依不舍地离开伦敦，乡情的温馨久久地温暖着他一颗游子的心。

→《城市之光》海报

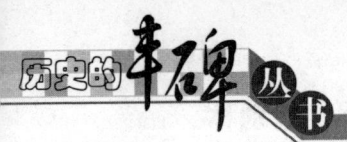
迎接挑战

> 载重爬坡固然艰辛，但当你爬不动时
> 且不可退下；待歇一口气，憋足了劲儿，
> 就一定会越过去。
>
> ——作者题记

为了独吞电影所获得的巨额利润，几家大制片公司联合行动，力图削减给艺术家们的酬金。

谁都清楚，电影是艺术家们心血的结晶。他们理所应当获得与付出成比例的回报。过去，所赚利润的绝大多数已被制片公司攫取，如今还将变本加厉，艺术家们当然不能答应。

于是，著名的电影艺术家道格拉斯·玛丽、约瑟夫·申克、诺玛·塔尔梅奇等，联合卓别林成立了自己的公司——联美影片公司，与其他影片公司分庭抗礼。

卓别林为国家公司拍的最后一部笑片《朝圣者》，公司付给他40万美金，为双方合同画上了句号。

从此，卓别林就腾出手来为自己的公司拍片了。

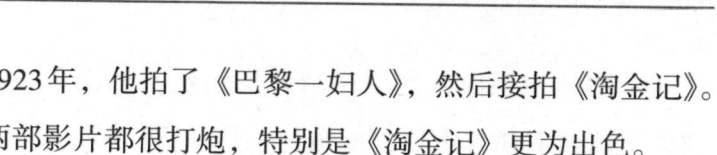

1923年，他拍了《巴黎一妇人》，然后接拍《淘金记》。两部影片都很打炮，特别是《淘金记》更为出色。

《淘金记》在纽约河滨戏院首映时，卓别林亲自去主持。影片一开始，卓别林扮演的角色兴冲冲地绕过一座悬崖峭壁，却不知身后早跟踪了一头熊。这一良好开头，观众就报以热烈掌声。后面的笑料一个接一个，观众的笑声也接连不断，直到影片结束，喝彩声、掌声如波涛般席卷整个大厅。

联美公司的销售经理海勒姆·艾布拉姆斯兴奋不已，跑过来紧紧地拥抱卓别林："查理，祝贺你！我保证，这部影片至少能卖600万！"他的话果然应验了，《淘金记》真的卖了600多万！

就在卓别林拍摄《淘金记》的时候，他与美人莉姐·葛蕾小姐结婚，婚后生了两个儿子，他十分爱他们。但2年的婚姻生活，彼此却过得沉闷、痛苦，最后只好以分手告终。

在此前后，有声电影问世了。几乎所有的电影艺术家都转到有声片去了。可是对于卓别林所扮演的那个流浪汉，他一旦说话，就不再是那个特殊人物了，卓别林就不得不抛弃他苦心塑造十几年的角色——观众喜欢、认可的人物，另起炉灶。显然，他面临着极其严峻的挑战。

卓别林不想放弃他手中特殊的角色。然而各戏院都忙不迭地上映有声片，他该何去何从呢？

他彷徨了许多时日，终于下定决心搞一部史诗式的经典之作，以便告诉世人：无声片并不会因此而灭亡。

他苦心经营一部新无声笑片《城市之光》。该片不负众望，上座率压倒了任何一部有声片，净赚300万美元，而且新的订单仍如雪片般飞来。

卓别林又重新振作起来。但有声片的挑战势头越来越强劲，演无声片的影星几乎销声匿迹。有声片已奠定了坚实基础，好莱坞原来的宁静已被麦克风声打破了。电影在一夜之间似乎变成了冷酷的工业，电影

《城市之光》剧照　这部电影的女主演就是莉妲·葛蕾小姐

厂装配上了复杂的配音设备，笨重的摄影机像一间小房子，拍摄时一阵轰响而过。许多电线绕来绕去，录音设备也跟着推来推去。

卓别林一见周围布置那么多乱七八糟的东西，心里就乱糟糟的，灵感也被赶得无影无踪。他忽然起了一个念头：自己要不要急流勇退呢？收起摊子，到国外去做寓公，把电影什么的忘个一干二净吧！

一连几个星期，他郁郁寡欢，彷徨游荡，心神不定。一天，电影界的朋友乔·申克邀请卓别林乘游艇出海。卓别林正要散散心，一拍即合，应邀前往。他在那艘漂亮的游艇上遇到许多漂亮女人，寂寞中发现一丝灿烂的阳光——美丽的宝莲·高黛，与他相识了。

宝莲·高黛离异寡居，她与卓别林很谈得来。

自从这次出海以后，二人又结伴同游多次。在百

→卓别林在好莱坞租用过的居所

无聊赖中，他们驱车旅游，几乎跑遍了加州海岸线。一次，他们看到圣佩德罗港停泊了许多游艇，其中一条55英尺长，上有3间特别豪华的客舱，还有1间厨房。宝莲见了，赞不绝口："如果咱们有这么一条汽艇，该多妙啊，每周日都可开它出航，还可到圣卡塔利娜岛一游……"

卓别林听在耳中，记在心上，然后背着宝莲买下这条船，以便给她一个惊喜。

一天，他让人在船上备好了一切食品、日用品之类。厨子、船长等早已候在船上。一大早，卓别林就用汽车接宝莲，一直开到圣佩德罗港。

宝莲十分诧异："怎么，你还没看够那些游艇啊?""就是啊，所以才远道而来。"

"还是你一个人去吧，我在车上等你。老去瞧人家游艇，我可实在不好意思。"

"咱俩一块去，说不定这次会下决心买下那艘游艇哩。"

宝莲就是不想再去。卓别林连哄带拉地把她带到艇上。她看见船上已布置一新。桌上铺着各色台布，上面摆着粉红、湛蓝的瓷器，从厨房飘来阵阵煎火腿蛋的香气。

卓别林骗她："船长先生十分好客，要在船上宴请

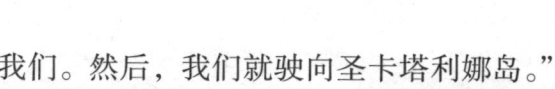

我们。然后，我们就驶向圣卡塔利娜岛。"

可是，当宝莲发现卓别林的厨子时，如梦方醒："不对吧？——查理，是你买下了这条船？"

"你猜对了，没错。""等一下！"她飞快地跑下船，又在码头上飞跑了数十米，然后双手捂住高兴得流泪的脸颊……

"宝莲！快过来吃早点哪！"卓别林觉得她的反应十分有趣。

她缓缓返回船上，说："这突如其来的惊喜，令我非来这样一下不可，否则不好恢复常态……"这时，厨子满面笑容地端来火腿蛋、麦饼、土司、咖啡等。

1931年1月30日，卓别林在洛杉矶参加《城市之光》首映。

游艇缓缓驶出码头，来到波光粼粼的太平洋上，驶向圣卡塔利娜岛。他们在岛上玩了9天。

卓别林这样消磨时光，心里却十分内疚："我这是

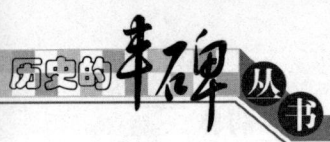

←联美影片公司

在干什么？为什么不去工作呢？"

　　一个偶然的机会，促使他又投入了工作。一天，他陪宝莲去墨西哥蒂华纳城看赛马，宝莲应邀给获胜骑师颁奖。她在麦克风前的讲话，使卓别林大为惊讶。她虽出生于纽约卡岛，但模仿起肯塔基的交际花来，无论从声调和姿态，都是那么惟妙惟肖。此时，卓别林断定她有表演天才。

　　他一下子振奋起来。他构思她是一个街头流浪女，一个流浪汉在拥挤的囚车里与她邂逅，然后二者之间发生了许多可笑的故事。

　　于是，他拍摄了《摩登时代》，由宝莲饰演流浪女的角色。她演得果然很地道，很成功。

　　《摩登时代》同时在纽约和洛杉矶上映了。一会儿

有报道说第一周影片打破了上座率；一会儿又报道第二周观众略有下降。

卓别林不想看这些报道，萌生了离开这里越远越好的念头。于是，他携宝莲和她的母亲去檀香山旅游。旅行途中，卓别林与宝莲结了婚。1937年，卓别林着手筹拍《大独裁者》。他将一人饰二角：流浪汉和希特勒。如果出现希特勒，就可以让这一战争狂人去胡说八道，从而使卓别林顺理成章地叩开有声片的大门。他设计宝莲将在该片中担任重要角色。

宝莲在《摩登时代》走红以后，又连续在派拉蒙影片公司演出，也很成功，其知名度越来越响。但就在这时，宝莲做出了一件古怪之事。

一天，卓别林正在为剧本绞尽脑汁，宝莲陪同一位年轻漂亮的小伙子来到他面前。

宝莲指着小伙子说："这是我的一位代理人。"

卓别林愕然地瞅着宝莲与小伙子，不知她这是演的哪出戏。

小伙子开言道："你瞧，卓别林先生，自从《摩登时代》放映以来，你给宝莲的报酬是每周2500美元，可是广告却没有给她广告费……"

卓别林霍地站起来："这是怎么回事！什么广告费！我比你更关心她，用不着你来嚼舌头！你，还有

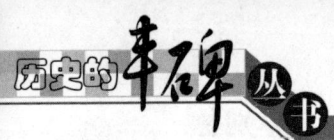

你，都给我出去!"

《大独裁者》拍完以后，他与宝莲离异已成定局。宝莲起身到派拉蒙公司拍新片。其间她回到贝弗利的家中，收拾收拾东西就去了墨西哥。当卓别林闻讯归家时，她早已走了。迎接卓别林的是一个徒有虚名的凄凄凉凉的家。从此，他们的婚姻结束了，卓别林面对一起生活了8年的宝莲，真有点割舍不下。然而，"天要下雨，娘要嫁人"，又有什么办法呢?

卓别林在电影中多是扮演孤独流浪汉的角色，而现实生活中，他也是这种角色，真令他啼笑皆非。

← 《大独裁者》海报

在一块净土上享受人生

只有纯净的爱情才是最美丽的；只有纯净的
大自然才是真正的乐土。

——作者题记

《大独裁者》上映以后，给卓别林招至不小的麻烦。

一天，他应邀到白宫，去会见罗斯福总统。在此之前，罗斯福专门调来《大独裁者》看过了。显然，总统是为该片会见卓别林的。

当卓别林被人领进椭圆形办公室后，早已与他相识的罗斯福并未寒暄，直切主题："请坐，查理。你这部电影在阿根廷给我们招来不少麻烦啊。"

也许是为缓和气氛，总统给他倒了几杯马丁尼酒。

40分钟会见结束后，有人评论说："总统接见了卓别林，但不曾拥抱。"

新闻媒介对《大独裁者》褒贬不一，甚至有人说该片做了共产主义宣传。

可是明眼人一看皆知：该片是抨击战争狂人希特勒的。正因为如此，该片才遭到厄运。

　　因为当时美国的处境很是微妙，一些纳粹分子已经打入了美国机关组织内，已有不少机关为纳粹所控制了。正是他们，做了蛊惑人心的反宣传。

　　卓别林的《大独裁者》激怒了纳粹分子，不久当卓别林呼吁开辟第二战场后，纳粹分子简直怒不可遏了。

　　那是有一天，旧金山美国战时俄国难民救济委员会主席打来电话，说美国驻苏联大使戴维斯因患喉炎，请卓别林代劳发表演说。

　　当时日本偷袭美国珍珠港不久，激起了卓别林的义愤，虽然在百忙中，还是答应并做了演讲。他呼吁美国支援苏联，迅速开辟第二战场，击败第三帝国。

　　卓别林更大的麻烦，就从此开始了。

　　卓别林呕心沥血拍完《凡尔杜先生》。美国"布林办事处"要求对该片进行审查。先说该片抨击政府，后来又不了了之。可正在剪接该片时，

↓1977年的卓别林

→卓别林与妻子乌娜和他的孩子们

他又接到美国联邦法院执行官打来的电话，要他到华盛顿去接受非美活动委员会的传讯。为此，卓别林给该委员会发了一份电报：我因受传讯而停止工作，将给我的公司带来巨大经济损失，不过为了便于你们的工作，我可以奉告一件想来是你们所需知道之事：我不是共产党，我生平从未参加过任何政党组织。我仅仅是一个"和平贩子"而已。希望我这几句话，不至于冒犯诸君。请明确告知，我何时赴华盛顿为益?

查尔斯·卓别林

谨　启

总算网开一面，不几天他就收到了回电，说取消了传讯。

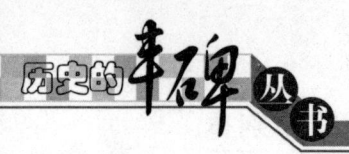

　　一连 14 个月,报纸上已不再是对卓别林歌功颂德,而是各种各样的坏消息,各种各样的责难,弄得他焦头烂额。然而就在面临大磨难之际,一个与他同呼吸共命运的伴侣从天而降。

　　著名剧作家尤金·奥尼尔的女儿乌娜来到了他的剧组。他感到乌娜不仅漂亮,而且很有幽默感,人也十分贤惠。她在《梦里人生》饰角十分卖力,显得很有才华。当时她年仅 18 岁。他们相爱了。她为他排难解忧,与他同甘共苦。但他有过痛苦的经验,唯恐她与自己曾爱过的一些年轻女性一样性情多变而酿成苦酒。但经过观察,乌娜很成熟,很有自己的主意,一经形成,就永不回头,仿佛在坚持着一个伟大真理。

← 1932 年,卓别林与保利特·戈达德

→乌娜和查尔斯·卓别林

拍完《梦里人生》之后，二人就正式结婚了，卓别林从此才真正体味到天作之合婚姻的幸福美满。

为了组织安排《舞台生涯》的放映工作，也为了松弛一下，卓别林带着妻子乌娜和孩子们，乘坐"伊丽莎白"号客轮前往法、意、英3国。途中，他接到一份电报，美国政府将拒绝卓别林再入美境！

显然，由于纳粹分子的猖獗和美国当局的愚蠢，已宣布卓别林为不受欢迎的人。

然而，卓别林来到巴黎、罗马，却受到凯旋英雄般的欢迎，法国二战后的首任总统凡尚·奥里奥尔在爱丽舍宫设酒宴招待他；法国政府还授给他"荣誉军团军官"勋章；法国戏剧电影作协聘请卓别林为名誉会员；英国大使馆也设酒宴招待卓别林一行……旅行结束以后，卓别林一家迁移到瑞士科西尔村定居。

那是一个世外桃源，别墅背山面湖，四周一片葱茏，果园里生长着苹果、樱桃、梨树等。

卓别林有时出去踏青拂红，有时坐在阳台上眺望那如火的夕阳、青翠的草坪、涟滟的湖水、凝重的群山，将人与大自然融合在一起，尽享人生的乐趣。

他在此期间，先后会见过世界政要，如周恩来、丘吉尔、尼赫鲁、赫鲁晓夫、甘地夫人、葛罗米柯等。

1977年的一天，卓别林参加酒宴归来，为了早点入睡误服镇静剂而被夺去了生命，终年88岁。

世界失去了一位天才，但保留下了他那不朽的艺术遗产。应该说，卓别林是永生的。

←乌娜和卓别林在巴黎合影